Unterwegs

In gleicher Ausstattung:

Unterwegs – Die schönsten Wanderungen rund um Hamburg
Unterwegs – Baden um Hamburg
Unterwegs – Fehmarn
Unterwegs – Hamburg neu entdeckt
Unterwegs – Wanderungen um Gemünden

Unterwegs

Wanderungen um Würzburg

Mit Heinrich Höllerl zu Fuß um die Mainfranken-Metropole

CHRISTIANS

Alle Fotos vom Verfasser
Zeichnungen: Rudolf Riegel

CIP-Kurztitelaufnahme der Deutschen Bibliothek

Höllerl, Heinrich

Wanderungen um Würzburg: mit Heinrich Höllerl
zu Fuss um die Mainfranken-Metropole.
– 2., überarb. u. erg. Aufl. –
Hamburg: Christians, 1989
(Unterwegs)
ISBN 3-7672-1031-2

2. ergänzte Auflage, 1989

Herstellung Hans Christians Druckerei, Hamburg
Umschlaggestaltung Andreas Brylka, Hamburg
ISBN 3-7672-0894-6
Printed in Germany

Inhalt

Geleitwort

Wandern um Würzburg in »Bayerns Weinwinkel in fränkischer Kulturlandschaft«

Sehr geehrte Gäste,
liebe Mitbürgerinnen und Mitbürger!

Der Landkreis Würzburg liegt im Herzen des Gebiets »Fränkisches Weinland«, dessen touristischen Mittelpunkt die geschichtsträchtige Bischofs- und Universitätsstadt Würzburg bildet.
Ob Maintal oder Aalbachtal, ob Gramschatzer Wald oder Guttenberger Wald, überall wird der Wanderer auf seine Kosten kommen. Er wird – im Gegenteil – die Qual der Wahl haben, zwischen ausgedehnten Laubwäldern, mittelalterlicher Fachwerkromantik im Schatten der Weinberge und einer Fülle herrlichster Kunstdenkmäler.
Mit vielfältigen Wander- und Radwandermöglichkeiten hat der Landkreis in den letzten Jahren dem naturnahen und umweltbewußten Freizeitverhalten verstärkt Rechnung getragen.
In unserer hochtechnisierten, schnellebigen und teilweise bezugsfremden modernen Zeit kommt gerade dem Umwelt- und Naturgedanken sowie der Heimat- und Brauchtumspflege eine sehr wichtige Bedeutung zu.
Dieses Anliegen unterstützt der Autor dieses Wanderbüchleins, Herr Heinrich Höllerl, in einer gleichzeitig angenehmen und unterhaltsamen Weise, wofür ich mich recht herzlich bei ihm bedanken möchte.

Ich würde mich freuen, wenn Sie unsere Heimat mit Hilfe dieser Wandervorschläge neu kennenlernen würden. Bei der abschließenden Einkehr in den gemütlichen fränkischen Gasthäusern und Weinstuben werden Sie unserer fränkischen Heimat sicher wieder etwas näher gekommen sein.

Dr. Schreier
Landrat

Ein Wort vorweg

Zu Würzburg habe ich ein Liebesverhältnis; wie geartet es ist, mögen Sie auf Seite 54 nachlesen.
Wer das Umfeld seiner Geliebten beschreibt, wird zwangsläufig subjektiv, will gar nicht objektiv sein.
Was man gerne tut, den Gleichgesinnten durch seine Brille schauen zu lassen; es bringt Freude, Unterstützung in der Subjektivität zu finden, besonders dann, wenn es gelingt, gemeinhin Alltägliches in anderem, ungewohntem Licht erscheinen zu lassen.
So möchte ich auch einen Teil der Aufnahmen verstanden wissen – die Festung im Morgendunst mit der sich in einem Fenster spiegelnden Morgensonne ist für mich würzburggemäß.
Ein Wasserhäuschen im Gegenlicht wird zum Kleinrinderfelder Landschaftsaquarell und eine auf den ersten Blick belanglose Höchberger Flur zur Beschwörung einer schon fast totgesagten Landschaftsvielfalt.
Und damit bin ich auch bei meinem Schlüsselerlebnis, das mir beim Schreiben dieses Büchleins zuteil wurde: Es gibt in den Verzahnungsstellen zwischen Großstadt und dem freien Land

mehr Naturschutzwürdiges, als ich je zu träumen wagte, wobei mit Sicherheit die Grundgesinnung deswegen nicht lauterer war als andernorts.
Es ist die wohlhabende Faulheit im Wochenendbereich, fehlender Profitzwang im Feierabendweinberg und Schrebergarten, die uns diese Herrlichkeiten beschert und erhalten hat.
Ein besonders waches Umweltbewußtsein, das uns diese Vielfalt auch in aller Konsequenz erhalten will, scheint jedoch wiederum würzburg- beziehungsweise hettstadt- oder höchbergspezifisch. Daher sei die Wanderung Nr. 6 zum mehrfachen, jahreszeitlich versetzten Gebrauch anempfohlen.
Auch in der Liebe kann man noch dazulernen.

Rieneck, im November 1985 Heinrich Höllerl

Zum Autor

Heinrich Höllerl wurde in Augsburg geboren, wo er das humanistische Gymnasium St. Stephan besuchte. Nach dem Umzug ins großelterliche Haus in Neuhaus am Schliersee begann er sein Studium der Forstwissenschaft in München. Nach Referendarzeit in Eichstätt, Kaufbeuren und Regensburg und dem zweiten Staatsexamen trat er im Jahre 1971 in die Bayerische Staatsforstverwaltung im Bereich Unterfranken ein. Es folgten zwei Jahre am Forstamt Eltmann im Steigerwald, fünf Jahre bei der Oberforstdirektion Würzburg mit Spezialaufgaben beim Naturpark Haßberge und Waldfunktionskartierungen in unterfränkischen Landkreisen. Seit sieben Jahren ist Heinrich Höllerl stellvertretender Forstamtsleiter am Juliusspital-Forstamt Gräfendorf.

Kleine Gebrauchsanweisung

Dieses Büchlein soll nicht nur Handreichung sein für Würzburg-Urlauber, die sich außer für die Frankenmetropole auch noch ein wenig für ihr mainfränkisches Ambiente von Sommerhausen bis Thüngersheim interessieren. Es soll insbesondere für die Würzburger selbst ein kleiner Anstoß sein, längst Geplantes endlich in die Tat umzusetzen.

Dem wachsenden Umweltbewußtsein ist dadurch Rechnung getragen, daß sämtliche Ausgangs- und Endpunkte der Wanderungen mit öffentlichen Verkehrsmitteln erreichbar sind. Alle erwähnten Buslinien verkehren ab dem Würzburger Hauptbahnhof, die Schiffsablegestelle für die Wanderung Nr. 11 ist beim Alten Kranen.

Zu jeder Wanderung gibt es eine kleine Kartenskizze, die den ungefähren Wegverlauf und die wichtigsten Fixpunkte darstellt. Sie soll jedoch keine Wanderkarte ersetzen, sondern sieht sich als Ergänzung zur Wanderkarte *Würzburg und Umgebung* im Maßstab 1:50000, herausgegeben vom Bayerischen Landesvermessungsamt.

Wo immer es ging, habe ich versucht, markierten Wanderwegen zu folgen, nur in begründeten Ausnahmefällen habe ich, dementsprechend ausführlicher, frei beschrieben.

Der längste Weg dieses Büchleins geht über 16 km, so daß sich, im Grunde genommen, noch keine Konditionsfragen stellen.

Trotz allem solte man zumindest einen halben Tag für jede Wanderung einplanen, denn in der stark kupierten Landschaft zwischen Maintal und den Hochebenen der Fränkischen Platte sind 3 km schon eine respektable Stundenleistung, vor allem, wenn man sich ab und an einige beschauliche Minuten des Schauens und dankbaren Genießens einer gewachsenen fränkischen Kulturlandschaft gönnt – ganz abgesehen von den oft allzu gemütlichen Rastplätzen, die ein Überziehen des vorher gesetzten Zeitlimits geradezu herausfordern.

Guttenberger und Gramschatzer Wald sind zwar tief, aber immer wieder von Ortschaften durchsetzt, und in Verbindung mit Karte, Buch und Wanderwegmarkierung sollte es eigentlich kein „Verlaufen“ geben – aber dennoch, ein zünftiger Wanderer sollte neben knöchelschützenden Halb- oder Leichtbergschuhen zumindest eine Regenhaut, Heftpflaster und eine kleine Ration Notproviant, und sei es nur in Form von Obst oder Schokolade, und vor allem ein wenig Saft oder Tee mit sich führen.

Dies gilt um so mehr, wenn Kinder oder Senioren mit dabei sind.

Hauptsächlich ihnen zuliebe sei auch noch eine kleine Schwierigkeitsklassifizierung der Wege angeführt:

Nahezu eben sind die Wege 3, 12, 13

Mäßige Steigungen haben die Wege 1, 4, 5, 6, 8, 10, 14, 15

Kurzfristige Steilstücke sind in den Wegen 2, 7, 9, 11, 16

Ich sehe eine Wanderung stets als eine Harmonie aus verschiedenen Tönen wie Naturerlebnis, Kunsterlebnis, Entspannung und nicht zuletzt einer gemütlichen Einkehr. Deshalb ist neben sehenswerten Kunstdenkmälern auch auf Einkehrmöglichkeiten unterwegs und auf eine zünftige Schlußrast hingewiesen.

Zum guten Schluß noch ein Wort zum Naturschutz: Mit dem angewandten Naturschutz ist es wie mit einer guten Kinderstube, die ab einem gewissen Zeitpunkt fast nicht mehr nachgeholt werden kann.

Deshalb könnte man auch einen Spruch aus dem Verkehrsunterricht abwandeln und sagen: „Der Kinder wegen: praktizierter Naturschutz!“ Für ein Kind, das eine ehrfürchtige Haltung gegenüber der Natur vorgelebt bekommt, wird das Wieder-mit-nach-Haus-Nehmen von Brotzeitabfällen genauso selbstverständlich wie eine behutsame Haltung gegenüber der Tier- und Pflanzenwelt, wobei eine gesunde Neugier und ein gewisser Entdeckerdrang durchaus nicht unterbunden, sondern allenfalls in die richtigen Bahnen gelenkt werden sollten.

Zwischen Schwarzkiefern, Weingärten und Kirschenherrlichkeit

1 Rund um Leinach

Ausgangspunkt:	Haltestelle Burkardusstraße Unterleinach der Linie 52
Wanderstrecke:	14 km
Höhenunterschied:	200 m
Markierung:	keine
Kunstdenkmäler:	Oberleinach: St. Laurentius Unterleinach: Allerheiligenkirche
Einkehr:	Oberleinach: Gasthaus Schuckert, Gasthaus Goldene Kette Unterleinach: Gasthaus Schunder, Gasthaus Lamm

Wir sind noch nicht richtig aus dem Bus ausgestiegen, da öffnet sich mit dem Namen Burkardusstraße bereits eine Seite der umfangreichen Leinacher Orts-Chronik und gibt uns den Bezug zum Ritterstift St. Burkard in Würzburg, dessen Propst Allendorf im Jahr 1493 das Dorf Oberleinach erwarb und die dörflichen Einkünfte einer Spitalstiftung zuführte.
Am Rathaus vorbei schlendern wir hinüber nach Oberleinach und gehen in der Geschichte gleich noch einmal 200 Jahre zurück: Unter dem seltenen Ensemble von Birnbaum und Linde auf dem Kirchenvorplatz von St. Laurentius erwartet uns die Romanik mit einem Rundportal und im Innern der Kirche mit der verwitterten Paulusfigur an der Chorwand.
In der Dorfmitte von Oberleinach halten wir uns ein kurzes Stück Richtung Würzburg und steigen dann den Trieb hinauf in Richtung Eichelberg. Kurz nach dem Wasserhäuschen öff-

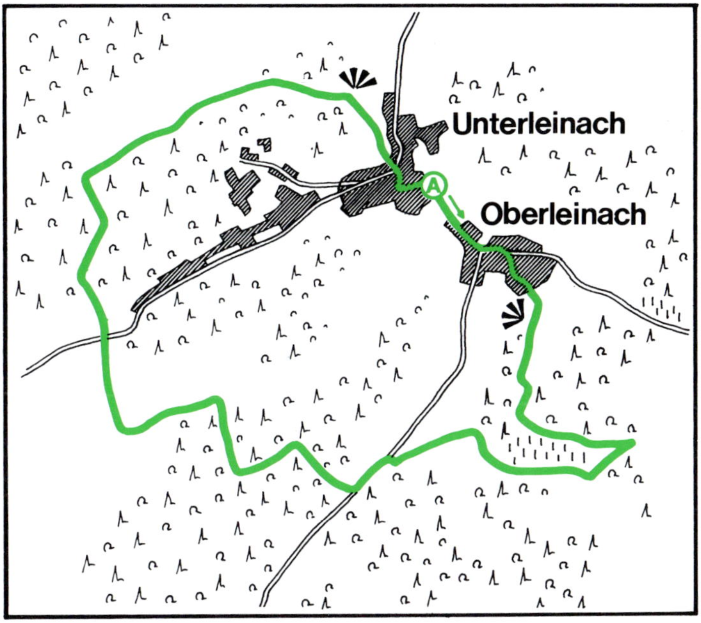

net sich uns eine erste ruhige Gesamtansicht von Ober- und Unterleinach inmitten von Streuobstlagen und Weinbergen. Der Weinbau hat in Leinach zwar eine lange Tradition, war aber anfangs der 70er Jahre beinahe ausgestorben; betrug die Weinbaufläche in Unterleinach Ende des 17. Jahrhunderts noch 683 Morgen, also rund 135 ha, so war sie 1973 auf ganze 2,25 ha zusammengeschrumpft. Um so erfreulicher ist es, daß sich in den rund 50 ha wiederangelegten Weinbergen in vorbildlicher Weise Produktionsflächen und ökologisch wertvolle kleinstrukturierte Ausgleichsflächen mit vielen Hecken, Obstbäumen und Kleinstwingerten abwechseln.
Auf der Anhöhe des Eichelberges, der heute eher Kiefernberg heißen müßte, angekommen, wandern wir auf ebenem Weg geradeaus weiter, werfen am Ende des ersten Kiefernwäldchens einen Blick hinüber zum Kiliansberg und halten

uns weiter geradeaus auf dem Weg an der Hangkante, der uns nun im großen Bogen durch eine weitere Leinacher Spezialität, nämlich einen der berühmten Schwarzkiefernbestände führt. Forstmeister Fischer aus Zellingen, der Oberleinacher Lehrer Schnabel und der Unterleinacher Bürgermeister Künzig waren es, die hier eine forstliche Großtat volbrachten und mittels Saat die mittlerweile in ganz Deutschland bekannten Leinacher Schwarzkiefernbestände begründeten. Die Schwarzkiefer war in der seinerzeitigen Ödlandaufforstungs-Situation sicher die einzig mögliche Baumart für die extrem flachgründigen Muschelkalkstandorte. Die wünschenswerte Laubholzbeimischung ist eine Aufgabe für die nächste Wald- und Förstergeneration.

Wir machen die erste unmittelbare Bekanntschaft mit der Weinbergslage Leinacher Himmelberg, wenden uns am Ende des Weinbergs nach rechts ins Tal hinunter, um unten beim Bildstöckchen abermals rechts abzuschwenken. Zwischen Kiefern, Müller-Thurgau und dem Erlen-Weidensaum im Talgrund wandern wir talabwärts und queren das Tal nach links etwa 100 m nach dem zweiten Bildstöckchen. Die Erlen bringen uns hinüber zur Straße nach Greußenheim, die wir für etwa 150 m in Richtung Greußenheim in Kauf nehmen, bis uns wieder ein Feldweg in Empfang nimmt und uns nach rechts in die kleine Seitenmulde hinüberbringt. Wir stoßen auf eine kleine Hecke, queren die engwerdende Talmulde und schnaufen auf kleinen Trampelpfaden zur Anhöhe des Geigel hinauf. Oben am Kamm finden wir unter alten Schwarzkiefern wieder einen Forstweg, den wir nach links einschlagen und ihn kurz darauf zu Beginn einer leichten Linksbiegung bereits wieder auf einem Rückeweg verlassen. Auch ihn verlassen wir sofort wieder, gehen etwa 30 m nach rechts ohne Weg durch den Wald und treffen auf einen zweiten Rückeweg, den wir wieder nach links einschlagen. Mit einem kleinen Abschwenker nach rechts führt uns dieser Rückeweg nun wieder auf eine freie Talmulde hinaus, wo wir auf einen Fahrweg stoßen und diesen nach rechts einschlagen.

Portal der Laurentiuskirche in Oberleinach

Wir wandern geradewegs hinaus auf die weite Ackerhochfläche des Sternbergs und spüren hier oben eigentlich zum ersten Mal, daß die Leinacher Gemarkung bereits zwei Flurbereinigungen über sich ergehen lassen mußte und die Vielfalt von Hecken, Streuobst und Ödland in früheren Jahren sicher noch weitaus größer war. An der ersten Feldwegkreuzung biegen wir links ab und wandern hinaus in eine schier endlose Ackerlandschaft, die sich, einem riesigen See gleichend, teilweise sogar im Horizont verliert und ein Gefühl von großer Ruhe und Gelassenheit aufkommen läßt. Wir kommen wieder an eine Feldwegekreuzung, wo wir rechts abbiegen. Fast schnurgerade zieht sich unser Weg nun hinüber zum Kruzifix unter den vier Linden, macht einen kleinen Knick nach links und bringt uns schließlich hinüber zum Hägholz, wo uns zum ersten Mal an diesem Tag Laubwald begegnet, Eichendickung

links und Buchenstangenholz rechts. An der ersten Weggabel im Wald halten wir uns rechts hangabwärts und können, hier im Eichenmischwald, im ältesten Teil des Leinacher Geschichtsbuches blättern: Die längst geplünderten Hügelgräber zur Linken sind der Hallstattzeit zuzuordnen. Teile der erhaltenen wertvollen Grabbeigaben, Bronzefibeln, Armreife und Ohrringe sind im Mainfränkischen Museum zu besichtigen.
An der nächsten Wegespinne halten wir uns wieder links hangabwärts. Kurz vor Erreichen des Waldrandes biegen wir mit dem Fahrweg nach rechts und wandern nun das Tal hinaus mitten hinein in die Leinacher Kirschenherrlichkeit. Die Leinacher sind von alters her berühmt für ihre Kirschen und versorgen die umliegenden Ortschaften und vor allem auch den grünen Markt in Würzburg alljährlich mit ihrer wohlschmeckenden Ware, wenn es auch heute etwas bequemer geht und die Marktfrauen nicht mehr mit der Reuse auf dem Buckel rosenkranzbetend den Zeller Berg hinaufkeuchen müssen. In der Anbauform fügen sich der jahrhundertealte Streuobstanbau und der moderne Erwerbsobstanbau ähnlich harmonisch ineinander wie die Weinberge in die Hecken, dem Landschaftsästheten gleichermaßen zur Freude wie dem Naturschützer.
Noch in der oberen Hälfte des Tales verlassen wir den Talweg bei einer eingezäunten Obstanlage nach rechts, um auf einem Hangweg die wunderbare Vielfalt dieser Landschaft – fränkischer gehts nicht mehr – voll auszukosten und den Genuß schließlich vollends zu machen mit einem weiten Maintalblick Richtung Thüngersheim und Zellingen. Bevor wir die Ergebnisse des Leinacher Weinbaus im Glas verkosten, sollten wir noch der Allerheiligenkirche einen Besuch abstatten und uns die nette Anekdote über die Hintergründe bei der Wahl des Patroziniumstages zu Gemüte führen, welche die früher sicher recht deftige, heute eher humorvoll kultivierte Uneinigkeit zwischen Oberleinachern und Unterleinachern so treffend zum Ausdruck bringt: Die Oberleinacher sagen, ein Heiliger allein hätte sich nicht nach Unterleinach getraut,

Unterleinach mit der Allerheiligenkirche

deshalb mußten alle gehen, die Unterleinacher sagen, kein Heiliger wollte dem anderen nach Unterleinach den Vortritt geben, deshalb gingen alle.
In Unterleinach kreisen zwar nicht alle Gedanken, wohl aber der gesamte Verkehr um das Wirtshaus in der Dorfmitte und dies schon seit 1580, denn in diesem Jahr ließ Bischof Julius Echter die Gemeindeschenkstatt erbauen mit dem Dorfgefängnis im Keller, in dem so mancher „in wasser und brod eingethurmet" wurde. Nach dieser Wirtshauskurve halten wir uns mit der Hauptstraße nach links Richtung Wertheim und kommen kurz darauf wieder zu unserem Ausgangspunkt.

Vom Ravensberg zur Weinsteig

2 Erlabrunn – Margetshöchheim

Ausgangspunkt:	Haltestelle Erlabrunn – Lagerhaus der Bahnbuslinie 8068
Wanderstrecke:	14 km
Höhenunterschied:	300 m
Markierung:	teilweise roter Strich, blaues M, teilweise Eule, Fuchs, grüner Baum
Kunstdenkmäler:	Erlabrunn: Pfarrkirche St. Andreas Veitshöchheim: Friedhofskapelle St. Martin Margetshöchheim: Pfarrkirche St. Johannes Karlstadt: Pfarrkirche
Einkehr:	Margetshöchheim: Gasthaus Bauriedel, Zum alten Schulzen Erlabrunn: Löwen, Weinhaus Flach, Café Gisela

Wir halten uns mit dem roten Strich dorfeinwärts und bekommen beim Rathaus bereits unsere erste Gratisgeschichtsstunde: Der gelbrote Wappengrund für die Erlabrunner Traube deutet auf die ehemaligen Herrschaftsverhältnisse und die Zugehörigkeit zur Grafschaft Rieneck. Von seiner ersten urkundlichen Erwähnung im Jahre 1209 bis Anfang des 17. Jahrhunderts war ein Großteil von Erlabrunn im Besitz der Grafen von Rieneck und nach deren Aussterben der Grafen von Erbach. Die Sage erzählt, daß ein Rienecker Graf an einem heißen Jagdtag hier unter einem Erlenbrunnen seinen Durst löschen konnte und deshalb so großen Gefallen an diesem Platz fand, daß er seinen Untertanen Siedlungsland anwies.

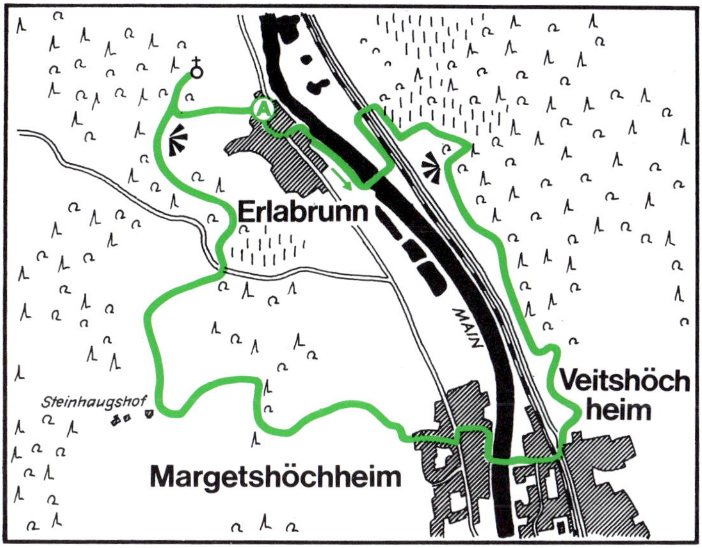

Beim Gasthaus Löwen halten wir uns links zum Main hinunter und kommen zur alten Schifferherberge Meisnerhof, die hoffentlich eine kunstsinnige Renovierung vor dem endgültigen Verfall bewahren wird. Auf den drei Konsolen standen in der ersten Hälfte dieses Jahrhunderts drei wertvolle Holzfiguren der Heiligen Andreas, Petrus und Paulus, die jetzt in all ihrer barocken Eleganz in der Pfarrkirche von Karlstadt zu bewundern sind. Im Meisnerhof nächtigte an Pfingsten 1520 kein Geringerer als Albrecht Dürer, der hier auf seiner Schiffsreise von Bamberg in die Niederlande Station machte.

Durch die Gemüsegärten geht es nun hinüber zur Staustufe, und wen beim Überschreiten des Wassers etwas mulmige Gefühle ankommen, dem sei gesagt, daß die Mainquerung in früheren Jahrhunderten noch wesentlich gefährlicher war. So erzählt die Dorfchronik von Erlabrunn, daß im Jahr 1699 bei einem plötzlich aufziehenden Gewitter alle Erlabrunner, die in den rechtsmainischen Weinbergen arbeiteten, zur Fähre

stürmten und mit dieser Fähre kurz vor dem rettenden Ufer in den Fluten des Mains versanken, wobei 23 der 50 Fahrgäste den Tod fanden.
Jenseits der Bundesstraße sehen wir bereits unseren Anstiegsweg in die Weinberge, den wir über einen kurzen Brükkenumweg erreichen. Bei der Ölbergsgruppe des Würzburger Bildhauers Schneider verlassen wir den roten Strich nach rechts und erleben, schon beinahe aus der Drachenfliegerperspektive,die erste große Gesamtansicht von Erlabrunn im Schutz des Volkenberges. Ein wenig mainaufwärts entsteht derzeit als sinnvolle Nutzung ehemaliger Baggerseen das Naherholungsgebiet „Erlabrunner Badeseen".
Ungefähr an dem Punkt, wo unser Weinbergsweg die erste scharfe Linkskurve macht, können wir uns am letzten Ausläufer des Bergsporns die ehemalige Ravensburg vorstellen, die seinerzeit nach dem Bischofsmord durch Botho von Ravensburg im Jahre 1202 von den aufgebrachten Würzburgern geschleift und nie mehr wieder aufgebaut wurde.
Wir bleiben auf dem mittleren Weinbergsweg in der Steillage des Ravensberges und spüren die Kraft, die die Sonne dieser Lage angedeihen läßt und sie deshalb nicht von ungefähr in die Qualitätsklasse des Würzburger Steinweins stellt. Im Gegenteil, im Jahre 1753, als Fürstbischof von Greiffenclau mit großem Gefolge in Erlabrunn zur Jagd weilte, mundete den Herrschaften der Ravensburg so gut, daß sich zumindest für dieses Jahr – heute würde man sagen, die Würzburger High Society – vom Steinwein abwandte.
Durch die Veitshöchheimer Nobelwohnlage Birkental kommen wir zum grünen Lehrzentrum Unterfrankens, der Lehranstalt für Wein- und Gartenbau.
Wir sollten eine stille Rast halten in der ehrwürdigen Martinskapelle, bevor wir die B 27 unterqueren und uns vom blauen M über Friedhofstraße, Güßgraben zum Fußgängersteg nach Margetshöchheim führen lassen. Veitshöchheim und Margetshöchheim gehören zu den ersten Orten im Maintal, die nach der Völkerwanderung wieder besiedelt wurden.

Blick vom Volkenberg auf Erlabrunn

Man datiert die Entstehung des beiderseitigen Höchheim, getrennt durch den Main und benannt nach den Heiligen ihrer ersten katholischen Kirchen, in das 6. Jahrhundert n. Chr. Der Fußgängersteg zwischen den beiden Orten machte der jahrhundertelangen Fährmannsherrlichkeit, aber auch vielen Zwistigkeiten, die des öfteren in den Würzburger Gerichtsakten vermerkt sind, ein Ende. Das Fährrecht lag bei den Veitshöchheimern, und die Margetshöchheimer führten oft Klage darüber, daß sie stundenlang warten mußten, bis sie übergeholt wurden oder ein zu hohes Fährgeld abgenommen bekamen.

Nach der Einkehr gehen wir im Schatten des allgegenwärtigen Echterturms durch das alte Margetshöchheim und suchen uns über die Mainstraße und Ludwigstraße (an der Hauptstraße etwa 50 m nach links) den Einstieg zum Neubergweg, der als Sackweg endet und uns rechts vom Schulsportplatz über einen grasigen Pfad übergangslos in die alte Streuobstidylle hinausführt. Über mehrere Graswegetagen erreichen wir, immer halblinks hangaufwärts, einen geteerten Weg und nehmen bei der Wegegabel an der Erdgasleitung den rechten Seitenast hangaufwärts. Im Zurückblicken sehen wir wieder die Steillagen des Ravensberges mit ihrem bunten Gewirr von alten Weinbergsmäuerchen, Trockenrasen und Heckenzeilen, einen seit langem unter Naturschutz gestellten Zufluchtsort für wärmeliebende Tier- und Pflanzenarten des Muschelkalks.
Wir steigen zum höchsten Punkt der Anhöhe, erreichen die Erddeponie der Bundesbahnneubaustrecke, umrunden diese und kommen auf einen neugebauten Transportweg nach rechts hinunter zum Schenkengrund. Unten in der Talsohle halten wir uns spitzwinklig nach links und wandern auf einem herrlichen Dornröschenweg das Bärental hinauf, bis wir kurz vor dem Steinhaugshof den roten Querstrich erreichen und mit ihm nach rechts den Weg nach Erlabrunn einschlagen. Langsam öffnet sich uns der Blick auf den ersten Erlabrunner Weinberg am Südhang des Hüttentals. Wir halten uns rechts oberhalb des Weinbergs und erreichen kurz darauf die Teerstraße nach Leinach, wo uns 20 m links die drei markierten Erlabrunner Rundwanderwege Eule, Fuchs und grüner Baum erwarten.

An der ersten Wegegabel lassen wir uns von Fuchs und grünem Baum in den ersten Erlabrunner Schwarzkiefernbestand hineinführen. Ungefähr zur gleichen Zeit wie in Leinach entstanden auch in Erlabrunn unter der Anleitung des Zellinger Forstmeisters Philipp Fischer und der tatkräftigen Mithilfe des Erlabrunner Lehrers Hans Grob die großflächi-

gen Schwarzkiefernaufforstungen auf dem Volkenberg, die heute als wärmende Kappe für die Weinberge dienen.
Fuchs und grüner Baum bringen uns schließlich hinüber zum Erlabrunner Käppele, das die Leinacher Witwe Katharina Küffner 1875 auf dem damals noch unbewaldeten Volkenberg errichten ließ. Der Blick hinunter nach Erlabrunn ist mittlerweile zugewachsen, wir können ihn aber kurz darauf auf dem Rückweg mit Eule und rotem Strich nach Kräften nachholen. Der steile, aber ungemein malerische Stationsweg ist unsere letzte Etappe in Richtung Erlabrunner Weinsteig, wie auch der Schoppen heißt, den wir uns jetzt redlich verdient haben.

Wo die Fürstbischöfe barocker Jagdlust frönten

3 Kist – Kleinrinderfeld

Ausgangspunkt:	Haltestelle Bauweg / B 27 der Linie 49
Wanderstrecke:	15 km, meist eben
Markierung:	Eichhorn, roter Keil, blauer Strich, grüner Keil
Kunstdenkmäler:	St. Martin, Kleinrinderfeld
Einkehr:	Kleinrinderfeld: Zum Löwen, Gasthaus Appel, Kühler Grund, Stern, Hirschen Kist: Grüner Baum, Kister Höhe, Gasthaus Eck

Wir wandern die Guttenberger Straße hinaus und biegen unmittelbar vor dem Waldrand rechts in einen grasigen Anwandweg ein. Unweit von hier dürfte sich der ehemalige Chistesbrunnen befunden haben, der Namensgeber für Kist in geschichtlicher Zeit. Daß die fruchtbaren Lößböden um Kist bereits wesentlich früher zur Besiedlung reizten, beweisen die zahlreichen Hügelgräber auf der Gemarkung, von denen einige beim Bau der Spessartautobahn am sogenannten Kalten Loch unter wissenschaftlicher Betreuung fachmännisch ausgegraben wurden. Die Ergebnisse dieser Grabungen, von sich teilweise überlagernden Grabstätten aus der Hallstatt- und Latène-Zeit, finden wir im Mainfränkischen Museum.
Bei einer Ruhebank biegen wir in den Wald ein, überqueren gleich den Graben und lassen uns dann von einem Forstweg zu unserem ersten Markierungszeichen, dem Eichhörnchen, bringen. Zwei Lebensstadien eines Eichenwirtschaftswaldes werden uns auf diesem ersten Waldwegestück geboten: rechts eine Dickung, links ein Baumholz. Deutlich erkennbar ist in beiden Fällen das Bestreben des Forstmanns, der Eiche

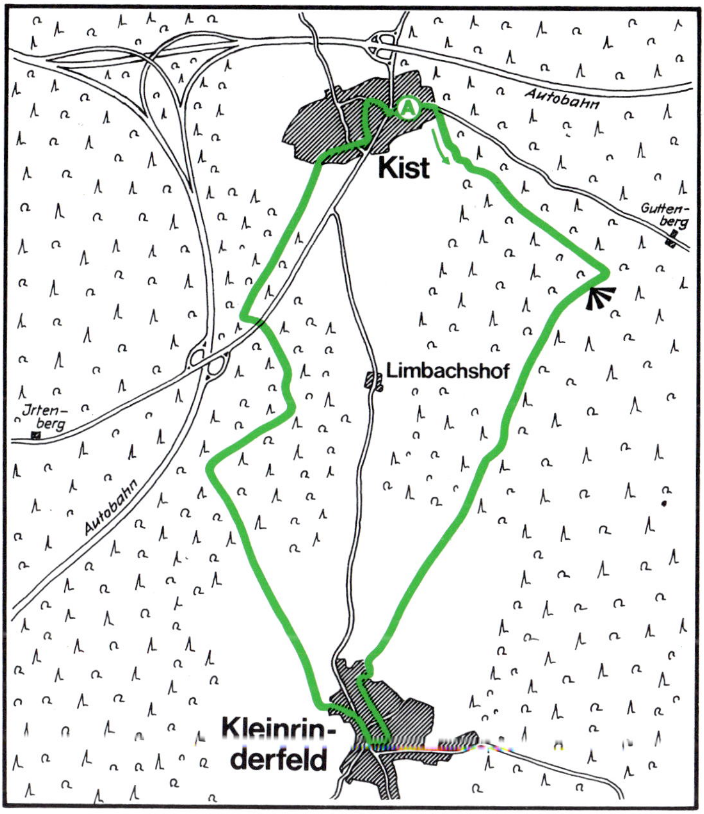

einerseits eine freie Krone zu geben, sie jedoch andererseits mit Buchen dicht „umfüttert“ zu halten, damit auch noch unsere Urenkel die immer rarer werdenden Furniereichen ernten können.

Wir queren die Markierung des blauen Strichs in einer leichten Mulde und erreichen auf der nächsten Anhöhe den roten Keil, der nun nach rechts bis Kleinrinderfeld unser Wegbegleiter sein wird. Wald, hoffnungsfroher Eichenjungwald, soweit das Auge reicht, ein guter Ort, um düstere Gedanken an

Waldsterben und zaudernde Politiker zu verscheuchen und den Glauben an eine noch rechtzeitig abgasärmere Zukunft zu stärken.
An der ersten großen Wegespinne nehmen wir den linken der beiden südwärts führenden Wege und haben auf der langen Geraden durch die Furniereichen des Jahres 2200 genügend Zeit, uns der Geschichte des Guttenberger Waldes zuzuwenden, dessen Bild bei weitem nicht immer so gschlossen war wie heute. Das frühe Mittelalter dürfte den Guttenberger Wald als ein eher lückiges, von zahlreichen Siedlungen durchsetztes Waldgebiet erlebt haben. Die ohnehin dürftige Existenzgrundlage dieser Walddörfer wurde ausgangs des Mittelalters noch magerer. Der Bauernkrieg und seine verheerenden Folgen taten ein übriges, und so kam es, daß im 16. Jahrhundert fast alle dieser Dörfer wieder zu Wüstungen wurden und sogar Kist für mehr als fünfzehn Jahre unbesiedelt war. Die Würzburger Fürstbischöfe, allen voran Lorenz von Bibra, sahen diese Entwicklung und die zunehmende Geldnot der Zobel, der früheren Besitzer des Guttenberger Waldes, nicht ungern und begannen, sich zielstrebig durch Ankäufe ihren langgehegten Wunsch einer Hofjagd unmittelbar vor den Toren ihrer Residenzstadt zu verwirklichen. Den kraftvollen Schlußstrich unter diese Entwicklung setzte, wie könnte es anders sein, Julius Echter, der 1585 durch einen großen Ringtausch mit dem Bistum Mainz die Würzburger Bistumsgrenze, die früher nicht einmal Kist erreichte, südlich bis zur Weinstraße von Kleinrinderfeld nach Oberaltertheim drükken konnte. Den größten Lustgewinn aus diesem Ergebnis zogen 150 Jahre später, in einer Zeit wirtschaftlichen Aufschwungs, die Fürstbischöfe Friedrich Carl von Schönborn und Adam Friedrich von Seinsheim, bei denen Tagesjagdstrecken von 200 bis 300 Wildsauen keine Seltenheit waren. Die erste bayerische Forstbeschreibung des Guttenberger Waldes bemerkt zu jener Zeit, verschämt untertreibend: „Die Pflege des Waldes lag weit hinter der des Wildstandes.“ Immerhin hinterließ uns der klerikale Barockadel Eichenbe-

Das Kleinrinderfelder „Wasserschloß“

stände, während es der Geldadel des 20. Jahrhunderts, trotz einer etablierten Forstwirtschaft durchzusetzen scheint, daß in den heutigen Rotwildgebieten nur noch geschältes Bruchholz heranwächst.

Langsam öffnen sich die Kleinrinderfelder Fluren, und der rote Keil bringt uns über Tannenweg und Friedhofspfad hinunter zur Dorfmitte. Überlassen wir es unserem Hunger, ob wir vor oder nach der Rast bei St. Martin zukehren und die gelungene Synthese von schlichtem dörflichem Rokoko Neumannscher Schule – den Riß fertigte Johann Michael Fischer – und modernem Zweckanbau auf uns wirken lassen. Die prachtvolle Innenausstattung der alten Kirche hätte sich das arme Steinhauerdorf Kleinrinderfeld nie leisten können, wären ihm nicht die Säkularisation und der Kirchenneubau von Kirchheim zu Hilfe gekommen. So kann St. Martin heute einen Auvera-Hochaltar aus dem ehemaligen Kloster St. Barbara und die Johann Peter Wagner-Kanzel aus Kirchheim sein eigen nennen.

Wir verlassen das Dorf der „Steemessel“, so werden die Kleinrinderfelder Steinhauer scherzhaft genannt, wieder nach Norden über die Hauptstraße, laufen auf der Gerchsheimer

Straße kurze Zeit auf dem Boden der ehemaligen Weinstraße, biegen jedoch unmittelbar nach dem Überschreiten des Kesselbodengrabens rechts ab, um uns entlang dieses Grabens wieder durch eine wohltuend gegliederte Feldflur dem Irtenberger Wald zuzuwenden. Rechts drüben leuchtet in sattem Ockergelb eines der schönsten fränkischen Wasserhäuschen herüber, denkbar als Titelblatt für einen Kindertraum von einem Wasserschloß.

Wir folgen nach unserem Eintritt in den Irtenberger Wald dem Kesselbodengraben talaufwärts, bis wir bei einem kleinen Feuchtgebiet und der Waldabteilung „Verhängtes Jagen“ auf die Wegemarkierung Blauer Strich treffen und ihr nach rechts folgen. Was uns trotz des prachtvollen Eschensaums am Bach auffällt, ist der allgemeine höhere Nadelholzanteil, der seine geschichtliche Begründung in dem jahrhundertelangen Einfluß des immer schon nadelholzfreundlicheren Bistums Mainz findet.

Der blaue Strich führt uns die Anhöhe hinauf und geradewegs zu einer der schönsten Naturoasen des Landkreises Würzburg, dem Blutsee. Eine natürliche abflußlose Mulde, im Lauf der Jahrhunderte sicher aus jagdlichen Gründen bisweilen noch zusätzlich angestaut, wurde zu einem traumverlorenen kleinen Paradies für Wasserpflanzen und -tiere. Wir sollten dieses herrliche Stückchen Natur still genießen und den befestigten Weg auf keinen Fall verlassen, allein schon um die Ruhe in dem Brut- und Wohngebiet seltener Wasservögel nicht zu stören.

Am Ende des Blutsees verläßt uns der blaue Strich, wir bleiben auf unserem Weg, überqueren mit ihm die B 27 und erreichen kurz darauf den grünen Keil, unseren Rückweg nach rechts in Richtung Kist, auf dem der Wald wieder einmal wie so oft als gnädiger Schalldämpfer für den ringsum dröhnenden Straßenlärm wirkt. Das würdevolle Ensemble von Mutter Anna-Kapelle, mächtiger Linde und uraltem Fachwerk am Dorfwirtshaus Zum Grünen Baum wird zum ruhenden Schlußpunkt unserer heutigen Wanderung.

Schwanengesang einer verlöschenden Epoche

4 Veitshöchheim – Steinburg

Ausgangspunkt:	Schiffsanlegestelle Veitshöchheim (Mai bis Mitte Oktober) Abfahrt der Schiffe am Alten Kranen
Wanderstrecke:	10 km
Höhenunterschied:	200 m
Markierung:	Teilweise blauer Keil, Weintraube
Kunstdenkmäler:	Pfarrkirche St. Vitus, Hofgarten
Einkehr:	Veitshöchheim: Ratskeller, Büttnerschänke, Sonnenschein, Mainfrankensäle; Steinburg

Über die Untere Maingasse suchen wir uns den Weg zur Pfarrkirche St. Vitus, die dem östlichen Teil der im 7. Jahrhundert gegründeten Doppelsiedlung Höchheim ab dem 12. Jahrhundert ihren Namen gab. Neben dem hl. Vitus wurde ab dem 8. Jahrhundert auch die hl. Bilihildis in Veitshöchheim sehr verehrt. Sie war die Gemahlin Hetans I. und gründete nach seiner Ermordung das Kloster Altenberg bei Mainz. Als Klostergründerin und Äbtissin ist sie am linken Seitenaltar in einer schönen barocken Plastik dargestellt.
Wir sollten uns den nun folgenden Hofgartenbesuch tunlichst nicht an einem Sonntag antun, besser wäre da schon ein dunstiger Frühsommer-Vormittag oder ein Mittag im Spätherbst, an dem die letzten Nebel die Poesie dieses Ortes noch erhöhen. Der Hofgarten war bis zur Mitte des 18. Jahrhunderts nur ein Baumgarten mit Fasanerie und teilweise auch mit Rotwild besetzt. Balthasar Neumann hatte 1750 das kleine

Lustschlößchen erweitert; die eigentliche Umgestaltung des Gartens nach französischer Manier begann erst ab 1763 unter Adam Friedrich von Seinsheim. Der Grundgedanke des Parks zeigt sich in einer dunklen Waldregion, einer lichteren Laubenregion und der hellen Seeregion, die den Übergang von Natur zur Kultur und letztlich zur Poesie darstellen sollen.

Als Mitgestalter dieser phantastischen Welt hinter den hohen Parkmauern fungierten seinerzeit die besten Hofbildhauer, Johann Wolfgang van der Auvera, Johann Peter Wagner und

Im Hofgarten

Ferdinand Tietz, die dem Abtswinder Sandstein die köstlichsten Allegoriefiguren entlockten.
Der offizielle Fremdenverkehrsprospekt preist die heitere Gelöstheit deutscher Rokokogartenkunst; Wolfgang Köppen nennt den Garten Glanz der gefürsteten Gottesdiener, Paradies der Bischöfe und zugleich vergeistigte Frivolität und erotische Bemühung, den Tod zu ertragen.
Überlassen wir uns dem Zauber aus Natur und Architektur, Geometrie und Ökologie aus einer Zeit, in der die Sonne über der absolutistischen Scheinwelt schon sehr niedrig stand und dies von dem letzten glanzvollen Repräsentanten auf dem Würzburger Bischofsthron auch sehr deutlich erkannt war.
Schon Balthasar Neumann war von der Idylle des alten Gartens so angetan, daß er sich am Schwanenteich mit Eva-Maria Schild verlobte.
Wir sollten auf jeden Fall Ludwig I. und Max II. dankbar sein, daß sie den Hofgarten vor seiner Zerstörung seiner Grundidee bewahrten. Die Eisenbahn hatte nämlich schon zu ihrer Gründungszeit ähnlich verschrobene Trassenführungsideen wie heute und plante die Verlegung des ersten Schienenstrangs durch die Mittelachse des Hofgartens. Die plumpe ingenieurtechnische Argumentation einerseits und die geschickte psychologische Kriegsführung andererseits haben mit den heutigen Vorgehensweisen jedoch beträchtliche Ähnlichkeit, so daß wir den königlichen Hoheiten gar nicht genug für ihren Starrsinn danken können.
Mit Rücksicht auf königliche Besuche bekam Veitshöchheim dann auch ein Bahnhofsgebäude, das schon seinerzeit weit über dem Baudurchschnitt lag und heute zu den Kleinoden der ersten Bahnhofsarchitektur gezählt wird.
Wir verlassen den Rokokogarten über seinen südwestlichen Ausgang, gehen durch die Würzburger Straße, unterqueren Bahn und B 27 und steigen über eine kleine Treppe zum Ende der Friedrich-Ebert-Straße hinauf. Hier halten wir uns rechts und steigen ausgangs der Biegung auf einem schmalen

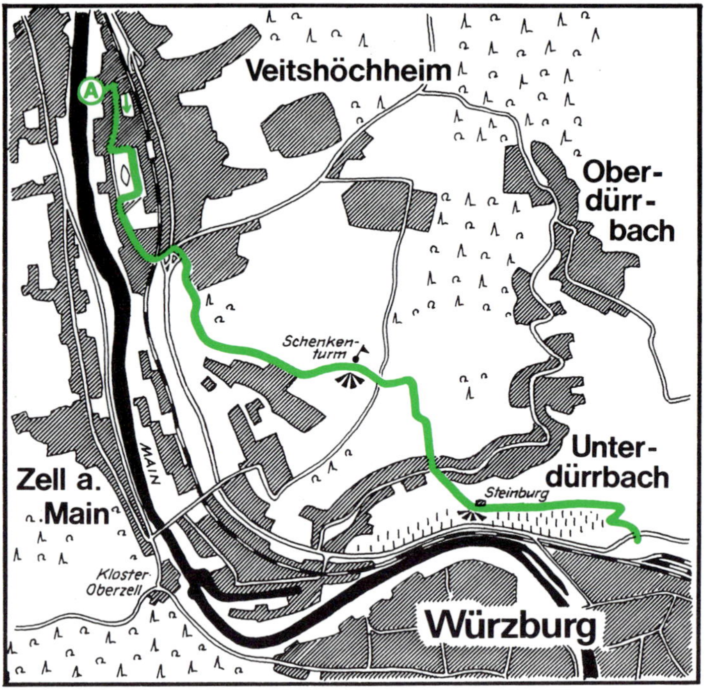

Asphaltpfad schräg links in die Weinbergsanlagen am Roßberg hinauf. Zu Zeiten der Weinbergssperre können wir den Weinberg über die Treppenanlage entlang des Neubaugebietes umgehen. Hier am Roßberg unterhält die weit über die Grenzen Frankens hinaus bekannte Lehr- und Versuchsanstalt für Weinbau in Veitshöchheim zahlreiche Versuchsflächen. Aus den Züchtungsversuchen der Veitshöchheimer Lehranstalt entstammen so bekannte Neuzüchtungen wie Albalonga und Mariensteiner.
Von den ehemaligen Veitshöchheimer Weinanlagen ist nach der Flurbereinigung nur mehr das Wölflein übriggeblieben. Langsam rücken sämtliche Würzburger Wahrzeichen in unser

Blickfeld: die Frankenwarte, das Käppele, die Festung, der Schenkenturm, und, wenn wir sie noch dazu zählen wollen, die riesige Feldscheune des Klosters Oberzell auf der Hettstadter Höhe. Im teilweise verwilderten Gartenhausbereich, in der Verzahnung zwischen dem Veitshöchheimer Industriegebiet und dem Intensivweinberg, registrieren wir wieder einmal eine umfangreiche ökologische Nische aus Streuobstbäumen, Hecken und Halbtrockenrasen.
Am Ende der Weinbergsanlage steigen wir vollends zum Schenkenturm hinauf, dem im Besitz des Finanzamts befindlichen letzten Überrest des ehemaligen Schlosses der Schenken von Roßberg, das nach seiner Zerstörung im Bauernkrieg nicht wieder aufgebaut wurde und später wie so viele andere Burgen als Baustofflieferant für die Umgegend diente. Die Sage vom Raubrittertum der Schenken, es soll sogar ein Draht durch den Main gespannt gewesen sein, der bei Schiffsberührung eine Alarmglocke auf der Burg auslöste, ist geschichtlich nicht belegt.
Höchst glanzvoll dokumentiert ist dagegen die Auszeichnung, die ein Mitglied eines anderen Veitshöchheimer Adelsgeschlechtes im Hohen Mittelalter erhielt: Eines der von Tiepolo gemalten Deckenfresken im Kaisersaal der Residenz zeigt die Verleihung der fränkischen Herzogswürde durch Friedrich Barbarossa an Bischof Herold von Höchheim im Jahre 1168.
Wir nehmen beim Flugplatzgelände noch ein wenig „Über-den-Wolken-Gefühle" mit und halten uns dann mit Blickpunkt Festung schräg den Hang hinunter, wo uns der blaue Keil in Empfang nimmt und beim barocken Bildstock der Krönung Mariens links in die prächtige Schluchtwaldmulde nach Unterdürrbach hinunterbringt. Wir überqueren mit einem kleinen Linkshaken die Straße und steigen dann unter einem grünen Baldachin von Eiche, Buche, Hainbuche, Spitzahorn, Schneeball, Weißdorn und Heckenkirsche – ähnlich romantisch, wie wir heruntergekommen sind – zur Steinburg hinauf.

Es gibt viele, die sich über das Preisniveau auf der Steinburg etwas mokieren, man sollte aber bedenken, daß jeder Schluck Steinwein hier oben literarische Dimensionen in sich birgt, ganz zu schweigen von dem nur ein wenig kraftwerksverunstalteten Würzburg-Rundblick, der ebenfalls gratis mitgeliefert wird.
Freunde des Frankenweins sollten sich mindestens noch eine Schleife des lehrreichen Steinweinpfades zu Gemüte führen, insbesondere die beiden Informationspunkte 15 (westlich) und 21 (östlich) der Steinburg, den Rebpflanzengarten mit allen in Franken zugelassenen Rebsorten und den Kleinstweinberg mit der typischen Weinbergsflora alter Weinberge. Wie immer unser Wissensdurst geartet ist, unser Weg endet mit dem blauen Keil beim Steinweinpfad-Parkplatz oberhalb des Gaskessels. Die nächste Bushaltestelle – Bayernwerk der Linie 13 – erreichen wir über die Rotkreuzstraße.

Was die Burkarder Lilie mit dem böhmischen Löwen verbindet

5 Heidingsfeld – Höchberg

Ausgangspunkt:	Haltestelle Seilerstraße der Linie 33, zuvor Straßenbahnlinie 3
Wanderstrecke:	16 km
Höhenunterschied:	300 m
Markierung:	Teilweise Rehbock, roter Strich, Hase
Kunstdenkmäler:	Heidingsfeld: St. Laurentius Höchberg: Wallfahrtskirche Mariä Geburt
Einkehr:	Höchberg: Lamm, Frankenhof, Adler Heidingsfeld: Dürrenberg, Fischzucht; Weinstuben: Altdeutsche Weinstube, Konrad, Giemaul

Zwei gut zwölfhundert Jahre alte ehemalige Bauern- und Winzerdörfer, die eine völlig verschiedene geschichtliche Entwicklung durchlaufen haben und doch so vieles gemeinsam haben – dieser scheinbare Widerspruch soll der rote Faden für unsere heutige Wanderung sein.
Wir halten uns entlang der Stadtmauer und betreten das „reichsunmittelbare“ Dorf und die spätere böhmische Stadt Heidingsfeld an einem malerischen Stück Vergangenheit, dem Speierloch, einem Mauersteg über den Zwischengemäuerbach oder „Quischemäuer“, wie ihn die Heidingsfelder zu nennen pflegen. Von der Giebelfront des wieder aufgebauten Rathauses bleckt uns das Giemaul seine Zähne entgegen, von dem die Sage erzählt, es handle sich um einen verräterischen Höchberger aus der Zeit des Dreißigjährigen Krieges. Kunsthandwerkliche Spielereien dieser Art waren jedoch im 16.

Jahrhundert häufiger, so daß wir uns lieber an die spöttische Entstehungsversion halten wollen, die besagt, das Giemaul blecke seine lange Zunge stündlich gegen Würzburg.
Einen Gegenpol zu Würzburg sahen schon die Stauferkaiser in Heidingsfeld. Es sollte Brückenkopf sein hinüber nach Waldsassen im geplanten Stauferstaat, und besonders Friedrich Barbarossa stärkte die Position Heidingsfelds. Das Kloster Waldsassen wiederum hatte einen eigenen Weinlesehof in der Gemarkung. Perfekt wurde der Gegenpol im 15. Jahrhundert, als Kaiser Karl der IV. seinem Sohn Wenzel erlaubte, Heidingsfeld aus würzburgischer Verpfändung auszulöschen und der böhmischen Krone einzuverleiben. Es wurde böhmische Stadt und blieb es de facto bis zur Säkularisation. 40 Jahre dauerte die massive Befestigung der Stadt, deren westliches Bollwerk wir über Klingenstraße und Judenplan erreichen. Wir gehen an der Stadtmauer entlang nach links und verlassen den schützenden Mauerring über die Dollgasse, überqueren die Hauptstraße und kommen in der Hofmannstraße zu einer weiteren Heidingsfelder Besonderheit, dem in ehrfürchtiger Stille erhaltengebliebenen jüdischen Friedhof.

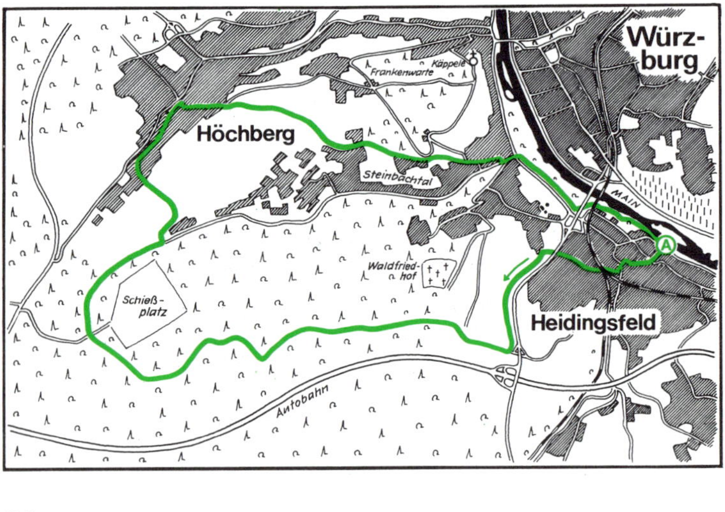

An der Heidingsfelder Stadtmauer

Nach der Ausweisung der Juden aus Würzburg durch Julius Echter zogen diese sich hauptsächlich nach Heidingsfeld und Höchberg zurück und stellten in beiden Ortschaften bis zur

Mitte des 18. Jahrhunderts nahezu ein Fünftel der Ortsbevölkerung. In der räumlichen Distanz zu Krummstab und Schwert scheint auch die Toleranz größer gewesen zu sein, denn in beiden Ortschroniken wird bis zum Beginn des Dritten Reiches wenig Antisemitisches berichtet.
Jenseits der Bahn führt uns der Leidengraben hinaus in die heile Heidingsfelder Weinbergswelt, an der wir nun in südlicher Richtung entlangwandern, nachdem wir jenseits des Hungrigen Bühls die B 19 unterquert haben. Eine dichte waldrebenbewachsene Hecke schirmt uns ein wenig vom Verkehrslärm der B 19 ab und gibt uns langsam eine Gesamtansicht über Heidingsfeld frei. Beim Autobahnhinweisschild kehren wir dem Verkehrslärm vollends den Rücken, halten uns rechts bergwärts und nehmen beim lindenbeschatteten Walldürner Heiligblut-Bildstock nochmals den rechten Weg hinauf Richtung Guttenberger Wald.
Am Waldeingang stoßen wir auf die Markierungszeichen Fuchs und Rehbock und erhalten im Weitergehen von den Waldlehrpfadschildern eine Fülle von Informationen über den Stadtwald, seine Baumarten, Verwendungsmöglichkeiten der Holzsorten und ökologische Zusammenhänge. Bei der Waldabteilung Einsprung queren wir die Talmulde und steigen mit Rehbock und Fuchs bergan. Kurz nach Erreichen des Plateaus wartet unser Waldlehrpfad mit einer botanischen Seltenheit auf, einem mächtigen Speierling, der noch dazu in inniger Umarmung mit einem Efeu lebt. Elsbeere und Feldahorn vervollständigen das Trio der seltenen fränkischen Laubbaumarten.
Immer geradeaus geht's nun, bis wir zu einer offenen Unterstandshütte kommen. Nun lassen wir uns vom roten Strich nach rechts ein Stück hangabwärts führen, verlassen den roten Strich und queren ohne Markierung den Göckersgraben, um jenseits wieder dem Hasen und grünen Keil nach links zu folgen. Wir erreichen eine weitere Unterstandshütte, bleiben noch wenige Meter in Richtung Kist und schwenken dann mit dem Hasen halbrechts Richtung Höchberg ab. Der Hase

Höchberger Flur

überquert die Teerstraße und bringt uns in den Waldteil Büchelberg, in den die Höchberger von alters her ihre Schweine, Kühe und sogar Pferde eintreiben durften und deshalb öfter mit den würzburgischen Förstern aneinander gerieten, wie es häufige Eintragungen im Kapitelbuch des Ritterstiftes St. Burkard belegen.
Dieser Name bringt uns den Einstieg in die Höchberger Geschichte, denn der hl. Burkard schenkte Huohobura im Jahre 748 an das Benediktinerkloster St. Andreas, das spätere Ritterstift St. Burkard, und zeichnete so den Weg des Dorfes unter einer alleinigen kirchlichen Herrschaft über Jahrhunderte hinweg vor. Trotz dieser, im Vergleich zu Heidingsfeld völlig andersartigen Entwicklung, wurde auch Höchberg, wenn auch mehr von außen her, Ausgangspunkt für Feindseligkeiten gegen Würzburg. Scharte sich im Bauernkrieg der schwarze Haufen Florian Geyers in Heidingsfeld, so sammelte sich

der helle Haufen aus dem Odenwald in Höchberg, und viele in späteren Kriegen gegen Würzburg ziehende Truppen taten es ihnen gleich, indem sie die alte, von Tauberbischofsheim herkommende Handelsstraße benutzten. Zuletzt die Preußen im Krieg 1866, die in Höchberg Quartier nahmen und vom Nikolausberg aus die bayerischen Stellungen jenseits des Mains beschossen.
Wir erreichen die vom Steinbachtal heraufkommende Teerstraße, queren mit ihr den Steinbach und wandern schräg hinauf auf die Höchberger Flur, die sowohl durch ihre wohltuende Stille als auch durch ihre herrliche Gliederung mit Hecken und Streuobstbäumen die nahe Großstadt nicht im geringsten ahnen läßt. An klaren Tagen vervollständigt ein Fernblick übers Maintal hinweg zum Steigerwald am Horizont die Beschaulichkeit des Augenblicks.
Über die Otto-Hahn-Straße und Kister Straße nehmen wir den Weg in den ältesten Marienwallfahrtsort Frankens, dessen Wallfahrtsbeginn von den Historikern bereits in der Zeit des hl. Burkard vermutet wird. Belegt ist diese Vermutung zweifach: zum einen gibt es keinen Beinamen wie etwa Mariabuchen oder Maria im grünen Tal und zum andern auch keine Entstehungslegende; es dürfte sich vielmehr um eine direkte Verdrängung eines kultischen Heiligtums gehandelt haben. Die Höchberger Wallfahrt mobilisierte auch nie riesige Menschenmassen, dafür wallfahrtete des öfteren das gesamte erlauchte Domkapitel samt dem Fürstbischof nach Höchberg; vielleicht auch zum Dank dafür, daß in Notzeiten auf der Festung neben dem Tiefbrunnen auch eine Wasserleitung mit Höchberger Wasserzufluß bestand, die bereits Anfang des 14. Jahrhunderts vom Fürstbischof Gottfried von Hohenlohe als Bleiblechleitung vom 26 m höheren Höchberg zur Festung gelegt worden war.
Nach Stärkung von Seele und Leib in Wallfahrtskirche und Wirtshaus treten wir über die Brunnengasse unseren Rückweg an und werden in der Sonnemannstraße an den berühmtesten jüdischen Höchberger Bürger, Leopold Sonnemann,

erinnert, der die Frankfurter Handelszeitung, die Vorläuferin der Frankfurter Allgemeinen Zeitung, gründete und auch einer der Mitbegründer des Frankfurter Palmengartens war.
Der Weg „Zum Kreuz" führt uns hinauf zu einem schwungvollen nachbarocken Wegkreuz unter zwei Robinien, und ein schöner alter bayerischer Wegweiser zeigt uns den Weg über das Steinbachtal nach Heidingsfeld. Noch einmal begegnet uns diese beschauliche naturnahe Höchberger Stille, und wir vermerken dankbar, daß die Gemeinde Höchberg zur Zeit mit einer intensiven Kartierung die Vielzahl der schützenswerten Landschaftsbestandteile erfassen und ihren Bestand sichern will.
Drüben im ehemaligen Höchberger Stadtteil Steinbachtal, die Höchberger nannten es Guggelesgraben, bleiben wir auf dem oberen hangparallelen Weg, dem Oberen Steinbachweg, der uns nebst dem romantischen Brennfleckweg, der Haberschlucht und dem Hubertusweg als willkommener Schleichweg ohne jeglichen Verkehrslärm bis kurz vor das Großstadtgetriebe der Mergentheimer Straße dient. Auch hier können wir dem Lärm noch ein kleines Schnippchen schlagen, indem wir die Mergentheimer Straße überqueren und den Fußweg entlang des Wasserschutzgebietes benutzen. Unter den Stelzen der B 19 zweigen wir noch einmal links ab und gehen nach der Eisenbahnbrücke ganz zum Main hinunter, wo wir diese Wanderung mit Entengequake und Möwengeschrei ausklingen lassen wollen.
Den Einstieg in die vielgerühmte Heidingsfelder Gastlichkeit und Fröhlichkeit, die sich unter anderem dadurch dokumentiert, daß es hier vor dem Ersten Weltkrieg die meisten Wirtshäuser pro Einwohnerzahl in ganz Deutschland gab, sollten wir über die Mühlengasse suchen. An ihrem Ende werden wir durch die Wappen am Nikolaustor noch einmal an die wechselvolle Heidingsfelder Geschichte erinnert: Der Doppeladler steht für die reichsfreien Zeiten, der doppelgeschwänzte böhmische Löwe für die städtischen Zeiten unter der böhmischen Krone.

Viel betonierte Strassen
lange unter Hochspannungsleitungen

Eine nachdenkliche Gemeinde wird zum Vorbild

6 Hettstadt – Greußenheim

Ausgangspunkt:	Haltestelle Backhaus der Linie 48
Wanderstrecke:	15 km
Höhenunterschied:	300 m
Markierung:	keine
Kunstdenkmäler:	Hettstadt: Pfarrkirche St. Sixtus Greußenheim: Pfarrkirche St. Bartholomäus
Einkehr:	Greußenheim: Geisberg-Gaststätte, Rose Hettstadt: Krone, Engel

Daß Hettstadt siedlungsgeschichtlich zu den ältesten Orten im Landkreis Würzburg zählt, belegen Bandkeramikfunde draußen beim Hettstadter Hof, wo die steinzeitliche Wiege des Dorfes gestanden haben dürfte. Aber auch schon in einer Würzburger Markungsbeschreibung des Jahres 779 wird ein Herostatt erwähnt, und man vermutet, daß Hetan, dessen Name ja mit dem Ortsnamen in Verbindung gebracht wird, seinerzeit einen Hero mit Gütern belehnte. Ein weiteres untrügliches Zeichen für das hohe Alter dieser Gemeinde ist das Patrozinium St. Sixtus der Pfarrkirche, zu der wir mittlerweile über die Langgasse hinaufgewandert sind. Das Patrozinium St. Sixtus erscheint zumeist in Verbindung mit frühen Klostergründungen aus der iroschottischen Missionstätigkeit wie zum Beispiel mit St. Sixtus in Schliersee, das auf Emmeran zurückzuführen ist oder mit dem Benediktinerkloster Holzkirchen, das über eine Schenkung an Karl den Großen kam und von diesem im Jahr 775 zur Besiedlung an Bonifatius in Fulda weitergegeben wurde. Über dieses neugegründete Klo-

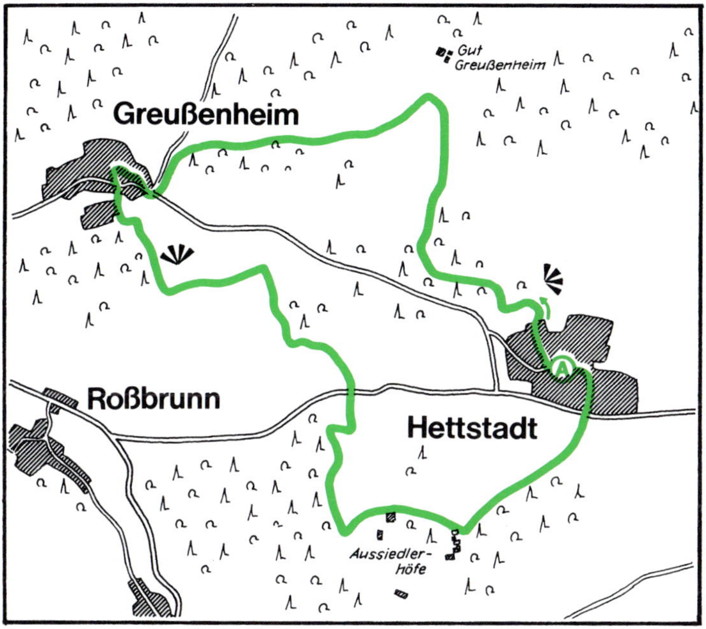

ster Holzkirchen kam die Sixtusverehrung nach Hettstadt, und im Jahr 1170, nur zwölf Jahre nach der bisher ersten urkundlichen Erwähnung, wird St. Sixtus bereits als Mutterkirche für Roßbrunn, Mädelhofen, Waldbrunn, Eisingen, Margetshöchheim, Erlabrunn und Zell genannt.
Warum das Land in der Hettstädter Gemarkung schon von alters her gern besiedelt wurde, merken wir spätestens, wenn wir von der Kirche zur Obstanlage oberhalb des Friedhofs hinaufgegangen sind, diese zuerst an ihrem Süd- und dann an ihrem Westrand umgangen haben und dabei einen Blick über die weiten fruchtbaren Lößfluren werfen konnten. Wenn sich Ackerbau noch lohnt, dann hier, und in dieser Fruchtbarkeit liegt zugleich, ökologisch gesehen, die Crux der Landschaft.
Die Flurbereinigung der 60er Jahre und auch die Bauern, die

sie vollzogen, huldigten seinerzeit noch voll der Wachstumseuphorie und leisteten ganze Arbeit. Nach Untersuchungen des Bundes Naturschutz wurden seinerzeit ca. 8000 Streuobstbäume gerodet, ganz zu schweigen von der Vielzahl von Hecken und Feldrainen, die daran glauben mußten samt ihren Trocken- und Halbtrockenrasen. Was heute noch mit dem Begriff Naturschutz in Verbindung gebracht werden kann, befindet sich im unmittelbaren Ortsrandbereich oder in der Nähe der kleinen Feldgehölze, dazwischen – zumindest schien es so – herrscht die Kultursteppe.
Bewundernswert und wohl einmalig im Bereich des gesamten Landkreises Würzburg war das Fazit, das Bürgermeister und Gemeinderat von Hettstadt aus dieser Erkenntnis zogen: Sie gaben eine Kartierung sämtlicher schutzwürdiger Strukturen im Bereich der Ortsflur in Auftrag mit dem Ziel, zu retten, was noch zu retten ist und zu ergänzen und zu verbessern, wo immer es geht. Und siehe da, das Ergebnis waren immerhin noch 162 schutzwürdige Strukturen und 17 schützenswerte Biotope. In eines davon, das Wäldchen Greußenheimer Loch, dessen Name auch von der Eichenlohegewinnung herrühren könnte, wollen wir uns am Ende der Obstanlage halblinks hineinbegeben. Das Eichen-Buchen-Hainbuchen-Feldahorn-Wäldchen ist zwar teilweise mit Fichten und Kiefern überfremdet, entschädigt uns jedoch an seinem Ostrand, den wir immer geradeauswandernd erreichen, mit einem prachtvollen, mit Eschen durchsetzten Schluchtwaldteil, in dessen Unterschicht sich Maiglöckchen, Türkenbund und Haselwurz ein Stelldichein geben. Intakt und vielfältig ist auch der Waldsaum aus Schlehe, Holunder, Heckenrose, Liguster und Weißdorn, an dem wir nach rechts entlangwandern.
Bei der Starkstromleitung erreichen wir ein befestigtes Sträßchen, dem wir in Richtung Gut Greußenheim folgen und erleben in unmittelbarem Vergleich die Dürftigkeit einer gepflanzten Hecke am linken Straßenrand, die noch Jahrzehnte brauchen wird, um die Qualität einer natürlich gewachsenen zu erreichen. Wenn wir aber heute schon durch die Natur-

Hettstadter Kleinstruktur

schutzbrille schauen, sollten wir auch die Feldhölzchen links am Hang und den herrlichen Waldsaum des Tännigwäldchens rechts oben positiv vermerken. Erfreuen wir uns an den beiden stattlichen Kirschbäumen, bevor wir beim Asphaltsträßchen links abbiegen und dort, schon in Richtung Greußenheim, ein für diese Gegend besonders wertvolles, mit Weide, Aspe und Spitzahorn bestandenes Feuchtbiotop registrieren. Was uns auf dem nun folgenden Wegstück bis Greußenheim auffällt, nachdem wir unsere Augen für Kleinstrukturen geschärft haben, ist das Fehlen einer Vernetzung. Der einzelne Apfelbaum, das kleine Feldhölzchen bei der alten Feldscheune, die zaghaft nachwachsende Schlehenhecke, sie alle entfalten ihre segensreiche ökologische Gesamtwirkung erst im Zusammenspiel, und das Wiederfinden dieses Zusammenspiels ist die gar nicht hoch genug einschätzbare Aufgabe, die sich der Gemeinderat von Hettstadt gestellt hat. Geradezu ein Paradebeispiel einer solchen Vernetzung sehen wir drüben am Ortsrand von Greußenheim, das jetzt langsam in unser Blickfeld rückt.

„Gruzzen“ wird erstmalig in einer Schenkungsurkunde im Jahr 1102, in der es dem Augustiner-Chorherrenstift Triefenstein übergeben wurde, erwähnt. An diese Begebenheit erinnert noch der Schlüssel im Greußenheimer Wappen, während die drei Rosen aus einer wesentlich späteren geschichtlichen Epoche stammen: Sie bezeugen den Übergang Greußenheims an den Fürsten Löwenstein-Wertheim-Rosenberg im Jahre 1806, dem noch eine Zugehörigkeit zum badischen Amt Steinfeld bis in die Mitte des 19. Jahrhunderts folgte. Die Augustiner-Chorherren von Triefenstein behielten ihren Besitz Greußenheim nur knapp 30 Jahre und vertauschten ihn dann nebst einem Stück Kallmuth-Weinberg gegen die nahegelegene Pfarrei Kreuzwertheim, was sicher nicht gegen Greußenheim, aber zweifelsohne für die schon damals hochgeschätzte Qualität des Homburger Kallmuths spricht.

Zwei verheerende Brände, einer im Jahr 1691, der das gesamte ursprünglich links des Baches befindliche Dorf zerstörte, und einer im Jahr 1732, der von dem neu aufgebauten Dorf rechts des Baches wiederum nur drei Häuser übrigließ, sind die schmerzlichsten Marksteine in der Geschichte des Dorfes.

Nach 20 m Kreisstraße werden wir in der Adam-Stegerwald-Straße an den berühmtesten Sohn Greußenheims erinnert, der es vom Schreinergesellen bis zum preußischen Ministerpräsidenten und späteren Reicharbeitsminister brachte, bevor er 1932 von Hindenburg seines Amtes entbunden wurde. Als erbitterter Gegner des Naziregimes wurde er 1945 von den Amerikanern zum Regierungspräsidenten von Mainfran-

ken ausersehen und vollendete als solcher sein aufrechtes Politikerleben im Dezember 1945.
Den Weg zur Einkehr finden wir über Maltheserstraße und Birkenfelder Straße.
Wir verlassen das Dorf über die Raiffeisenstraße, überschreiten den Mühlbach und steigen am Holzplatz vorbei hinauf zum Wäldchen am Herchenberg, auf dem einstens eine vorchristliche Kultstätte gestanden haben soll. Wir lassen es rechts liegen und verzeichnen in der geneigten und landwirtschaftlich nicht so attraktiven Flurlage eine angenehme Vielfalt von Hecken, Streuobstbäumen und links drüben am Hang sogar einen klassischen Halbtrockenrasen, bis wir oben auf dem Kamm links abbiegen und mit der Hochspannungsleitung den Rückweg nach Hettstadt antreten. Etwa 200 m vor der Kreisstraße wenden wir uns zur rechten Hangseite und steuern das Leuterswiesen-Wäldchen an, das wir an seinem wunderbaren Kirschensaum fast umrunden.
Unser neuer Zielpunkt wird nun der Mühlartwald jenseits der Straße Roßbrunn–Hettstadt, dessen Musterbeispiel von Waldsaum wir mittels eines kleinen Hakens nach rechts noch einen kleinen Abstecher widmen. Hier fanden die Kartierer sogar noch vom Aussterben bedrohte Pflanzenarten.
Wir bleiben im Waldrandbereich bis auf die Höhe des Aussiedlerhofes, schwenken dann zu diesem hinüber und beenden unsere Lehrwanderung zur Kenntnis ökologischer Zusammenhänge unter dem neu angelegten Erlen- und Weidensaum am Gchägsgraben, zu dem wir vom Hof aus in östlicher Richtung hinuntergekommen sind.

Zwischen Wein und Stein

7 Randersacker – Eibelstadt

Ausgangspunkt:	Randersacker, Abzweigung Theilheim der Bahnbsuslinie 8066
Wanderstrecke:	15 km
Höhenunterschied:	300 m
Markierung:	Teilweise roter Punkt, blaues M
Kunstdenkmäler:	Eibelstadt: Pfarrkirche St. Nikolaus, Rathaus, Kreuzkapelle Randersacker: Pfarrkirche St. Stephan
Einkehr:	Lindelbach: Grüne Linde, Weißenberger Eibelstadt: Roß, Krone, Schwan, Siebenlister, Randersacker: Spielberg, Bären, Löwen, Weinhaus Körner

Randersacker steht gleichbedeutend mit Weinbau, ist doch die älteste Urkunde, die sowohl auf den Weinbau in Würzburg als auch in Randersacker hinweist, eine Markungsbeschreibung aus dem Jahr 779, welche den mittlerweile berühmten „Fredthantes-Weingarten" als ersten Zeugen für Weinbau zwischen Würzburg und Randersacker benennt.
Deswegen bringt uns der rote Punkt nach etwa 50 m in Richtung Theilheim unmittelbar in die Lage Sonnenstuhl hinauf und führt uns im Zurückschauen auch gleich einen Panoramablick über die berühmtesten Randersackerer Lagen vor: Fein säuberlich aneinandergereiht liegen sie vor uns, rechts vom Käppele noch der Würzburger Neuberg, dann der Randersackerer Teufelskeller, der neu bereinigte Pfülben und vor uns der Beginn des Marsberges – Namen, die die Weinbaugeschichte Frankens mitprägten. Kein Wunder daher, daß bereits in sehr früher Zeit Bischof und Domkapitel als Herr-

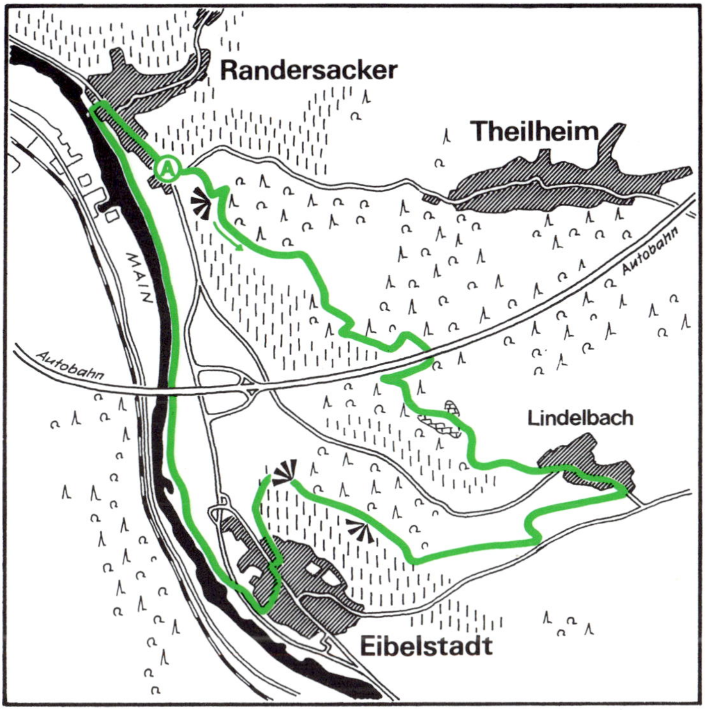

schaft in Randersacker genannt werden. Jeder Quadratmeter Wengert ist hier besonders kostbar, so daß es uns im Hinaufschnaufen angenehm berührt, noch Heckenreste, Brennesseln und eine Vielzahl von Steinbrechgewächsen am Rand alter Mäuerchen vermerken zu können.
Am Sporn des Sonnenstuhls erhebt sich inmitten eines kleinen Hecken-Vogelparadieses ein Zeugnis einer frühen Arbeitsbeschaffungsmaßnahme dieses Jahrhunderts. Zu Zeiten der Brüningschen Notverordnungen wurde hier, da es zwar Arbeitslose und viele Steine, aber keinen Mörtel gab, ein massiver Aussichtsturm in Trockenmauerbauweise aufgeführt.

Wo das naturnahe Eichen-Buchen-Kirschen-Wäldchen nach links zurückspringt, schwenken wir rechts hinüber über die Feldflur. Wir verlassen den kurz danach rechts in die Weinberge abbiegenden roten Punkt, indem wir geradeaus auf der Hochfläche bleiben, in das schüttere Kiefernwäldchen eindringen und uns immer in Sichtweite der Weinberge und Hörweite zur Autobahn bewegen und noch einen kleinen Haken links in den Wald hinein machen, bevor wir endgültig zur Autobahnunterführung hinuntersteigen. Das gesamte Wegstück bis Lindelbach soll demnächst mit einem Hasen markiert werden. Am Einhang des Lützelgrundes befand sich der vom Zisterzienserkloster Altenberg bei Köln gegründete Lützelhof, der bereits Mitte des 15. Jahrhunderts wieder wüst fiel und den Nährboden lieferte für die Sage vom wilden Raubritter Lützel.
Unterhalb des jenseitigen Autobahnrastplatzes, auf der Höhe der Notrufsäule, beginnt der steile Anstieg in das riesige Steinbruchareal Schloßplatz, ein labyrinthischer und besonders für Kinder abenteuerlicher Weg in die unterfränkische Erdgeschichte, die aus einer Laune des Muschelkalkmeeres heraus den unterfränkischen Baustein zu europäischer Berühmtheit brachte. Eine Untiefe im Bereich des mittelfränkischen Gammersfeld bewirkte im Raum zwischen Kirchheim und Eibelstadt verstärkte Ablagerungen des harten Kleintierschalenschills. Diese bescherten den Steinhauern um Würzburg den begehrten Quaderkalk, aus dem nicht nur die alte Mainbrücke und große Teile der Festung, sondern das Berliner Olympiastadion, das Leipziger Rathaus und die Münchner Isarbrücken gebaut sind.
Wie immer unser Gang durch den Irrgarten ausfällt, der Ausstieg befindet sich am südwestlichen Ende und führt hinüber zu dem kleinen Wäldchen oberhalb der Weinbergslage Dabug und zum Winzerdorf Lindelbach, das seine erste Rebenkenntnis von den Benediktinerinnen aus Kitzingen bekam.
Das „reichsunmittelbare“ Lindelbach kam zusammen mit Sommerhausen, Winterhausen und Gollhofen an die Schen-

ken von Limpurg, wurde mit diesen protestantisch und blieb Rechteren-limpurgisch bis zur Mitte des 19. Jahrhunderts.
Nachdem unser Gaumen in Lindelbach die erste Bekanntschaft mit der Weinlage Dabug geschlossen hat, bekommen wir sie auch von dem am Ortsende Richtung Eibelstadt rechts abzweigenden Feldweg vor Augen geführt. Der Lindelbach im Grund macht seinem Namen nicht nur mit Linden, sondern auch mit Eschen, Eichen, Ahornen und Weiden alle Ehre. Den kleinen Weinberg, der sich uns in den Weg stellt, umgehen wir auf einem Trampelpfad, nehmen den schräg in die Eibelstädter Kirschenpracht hinaufführenden Weg und biegen oben am Kamm rechts ab Richtung Eibelstadt.
Die Weinbergslage Dabug, an der Lindelbacher, Eibelstädter und Randersackerer teilhaben, war der Ausgangspunkt für den rund 80 Jahre dauernden Bethstreit zwischen Randersacker und Eibelstadt. Die Randersackerer hatten vom Fürstbischof das Recht, von auswärtigen Grundbesitzern eine Abgabe zu fordern, die Beth; ausgenommen war Eibelstädter Besitz um Dabug. Als jedoch 1565 die Gemeindekasse von Randersacker leer war, wollte man auch davon nichts mehr wissen, und es entbrannte ein Streit, der zuweilen sogar mit Waffengewalt geführt wurde und erst 1649 mit der endgültig verbrieften und sogar versteinten Steuerfreiheit der Eibelstädter endete. Mitbeteiligt am Streit und dessen Schlichtung waren Fürstbischof, Domkapitel und die Reichsmarschälle von Pappenheim, die drei Grund- und Lehensherren von Eibelstadt, die das ehemals reichsfreie kaiserliche Lehen verwalteten.
Das Befestigungs- und Stadtrecht Eibelstadts stammt aus der Zeit Kaiser Sigismunds, der es damals aus Dankbarkeit für Eibelstädter Mithilfe im böhmischen Hussitenkrieg verlieh. Böhmischen Ursprungs ist denn auch der gehälftete Löwe im Eibelstädter Stadtwappen.

Wo wir auf den Eibelstädter Kapellenberg stoßen, nehmen besonders durstige den direkten Weg an der Wasserrinne hin-

unter in die Stadt. Wir jedoch bleiben oben am Rand zwischen Hecken und Weinberg und genießen Schritt für Schritt den Blick auf ein intaktes, ummauertes Stadtwesen. In diesen Weinbergen fand seinerzeit Medizinalrat Behringer, Leibarzt des Fürstbischofs und begeisterter Hobbygeologe, Anfang des 18. Jahrhunderts plötzlich eine Unmenge von Versteinerungen seltenster Art, die er in einem wissenschaftlichen Werk eingehend würdigte. Schade war nur, daß er einige Zeit später feststellen mußte, daß er geschickten Fälschungen seiner Studenten aufgesessen war, von denen einer seine attraktive Frau recht verehrte und die Abwesenheit des Hausherrn nach Kräften auszudehnen versuchte. Einige dieser sogenannten „Würzburger Lügensteine“ sind im Mainfränkischen Museum zu besichtigen.
Einer der schönsten Fernblicke auf Käppele und Festung run-

Randersacker mit Main

det unseren Weinbergsweg ab, bevor uns Eibelstadt neben dem leiblichen den Kunstgenuß mit Greisingrathaus samt Nikolauskirche und der ausdrucksvollen Sebastiansstatue von Johann Peter Wagner bereithält.
Durch die Pfarrer-Manger-Gasse verlassen wir Eibelstadt in Richtung Main und stoßen auf das blaue M, unseren Rückwegbegleiter Richtung Randersacker. Im Schatten der Erlen, Weiden und Pappeln am Mainufer erinnern wir uns der dritten Erwerbsquelle früherer Zeiten neben Acker- und Weinbau, der Fischerei, welche die Randersackerer und Eibelstädter, entgegen sonstiger Zwistigkeiten, über Jahrhunderte hinweg einträchtig in einer gemeinsamen Fischerzunft ausübten. Nach der Staustufe schiebt sich langsam die Kulisse von Randersacker ins Bild, überragt vom ehrwürdigen romanischen Turm der St. Stephanskirche.
So berühmt wie der Randersackerer Wein waren von jeher auch seine Wirtshäuser, von denen Ludwig Braunfels Mitte des 19. Jahrhunderts in seiner Mainbeschreibung zu berichten weiß, daß sie „ihre langen Arme nach den Börsen der vergnügungssüchtigen Würzburger nicht vergeblich ausstrekken". Ob allerdings zum Hafer für die Pferde, dem Huhn für den Habicht, dem Brei für die Windhunde noch eine schöne Konkubine gereicht wird, wie es im sogenannten Casteller Schönfrauenlehen, das in Randersacker Gültigkeit hatte, bestimmt war, soll dahingestellt bleiben. Eingang finden wir auf jeden Fall über die Fährstraße. Den Nachhauseweg können wir von der Haltestelle Maingasse der Linie 15 aus antreten.

Deinem Lächeln auf die Spur zu kommen
(was wir schon immer einmal verschoben haben)

8 Festung – Käppele – Frankenwarte

Ausgangspunkt:	Ein geleerter Bocksbeutel der Lage Innere Leiste, ersatzweise Stein oder Stein-Harfe
Wanderstrecke:	Durchaus im Rahmen
Höhenunterschied:	Beträchtlich, jedoch erträglich
Markierung:	Teilweise vorhanden
Kunstdenkmäler:	Eine wiedererstandene Stadt
Einkehr:	Beliebig, evt. im Steinbachtal

Die Trunkenheit wird göttlich, wenn ihr keine Nüchternheit folgt, schrieb schon Michael Meisner nach einer durchzechten Würzburger Nacht, und deshalb ist die Bocksbeutel-Gebrauchsanweisung durchaus ernst zu nehmen. Wir sollten es heute, falls wir so etwas überhaupt tun, nicht gar zu verbissen angehen und den Mut zum Trödeln, zum Gefühl, zum Aufbau eines Stimmungsbildes beweisen.
Es gibt mittlerweile zahlreiche Fußwege zur Festung; wir nehmen die Neydeckgasse gegenüber der Deutschhauskirche: einesteils, weil die Wiesen vor dem Neutor wohl den schönsten Vordergrund zu einem bewußt erlebten Aufstieg zur Festung abgeben, andererseits, weil von dieser Seite am ehesten der Einstieg in die Zwiespältigkeit des „alten Kastells über den braunen Einhängen der Weinberge" nachvollziehbar ist. Krönender Glanzpunkt über einer Stadt ohne Profilneurosen, oder befestigtes Symbol einer ungeliebten Herrschaft . . . – die Bauern des hellen Haufens neigten im Jahre 1525 sicher zu letzterer Ansicht, als sie ihren vergeblichen Sturm auf die

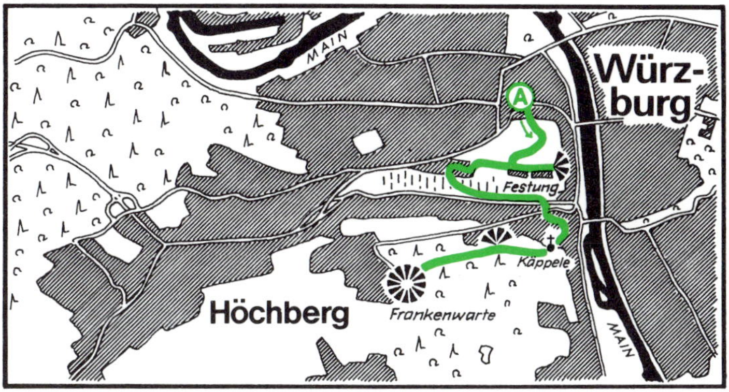

Festung durch Artilleriebeschuß vom Platz der heutigen Flurbereinigungsdirektion neben der Deutschhauskirche unterstützten. An eines der schönsten Open-air- und Freilichtgelände denkt wohl jeder, der schon einmal an einem warmen Sommernachmittag inmitten einer riesigen Menge heiterer Jugend den Klängen von Rock und Jazz lauschte oder sich eines Abends im Schatten von Kilians- und Marienturm von der „kleinen Zauberflöte“ verzaubern ließ.
Eher Beklemmung umfängt uns dann wieder beim Durchschreiten des Scherenbergtores angesichts des massiven, fast brutal wirkenden Bergfriedes, insbesondere dann, wenn wir an Tilman Riemenschneider denken, der hier oben zumindest peinlich befragt wurde, zur Strafe dafür, daß er sich für eine gute Sache einsetzte, zu einer Zeit, die anscheinend noch nicht reif genug war.
Die Kürze der Burgführung ist für unser Stimmungsbild gerade recht – einem Lächeln kommt man so am ehesten auf die Spur; die noch intensivere Möglichkeit wäre, ins gegenüberliegende Mainfränkische Museum zu gehen und sich nur einer Riemenschneider-Figur zu widmen, einem Johannes, einem Sebastian . . . vielleicht genügt auch ein Blick aus einem Fenster hinüber zum Käppele.

Wenn uns während der Führung im Fürstengarten etwas die Muße fehlte, die Pracht eines wiedererstandenen Stadtbildes in uns aufzusaugen, so sollten wir dies im Anschluß daran eine Etage tiefer im Angesicht der altehrwürdigen Burkarduskirche in aller Ruhe tun und feststellen, daß es die alten, im Lauf einer tausendjährigen Baukultur entstandenen Monumentalbauten sind, die das Wesen der Stadt ausmachen und als charakteristische Züge ihres Antlitzes auch das Inferno von 1945 überdauert haben. Hinzu kommt die Landschaft, der Steinberg, der Main und der Marienberg – das Amphitheater Heinrich von Kleists besteht noch immer.
Verlassen wir nun die Festung über ihre empfindliche, sprich Höchberger Seite und suchen uns auf der Höhe des Anwesens Oberer Burgweg 16 den Wegweiser zum Käppele und zur Frankenwarte. Eine Treppe führt uns hinunter in die Ausläufer der Weinbergslage Leiste, die ehemalige Äußere Leiste. Die eigentliche Innere Leiste bekommen wir erst hinter dem Maschikuliturm von der Platanenallee neben der Leistenstraße zu Gesicht. Lassen wir hierzu F. Menckh sprechen, der in seiner Reisebeschreibung der Mainlande im Jahre 1846 folgendes schreibt: „Nur klein ist der Bezirk, kaum 84 Würzburger Morgen groß, aber würde auch die Strecke mit Kronentalern bedeckt, so wäre doch ihr Wert noch nicht bezahlt. Der hochberühmte Leistenwein nimmt nach dem Johannisberger die erste Stelle ein, ja er ist schon oft siegreich mit ihm in die Schranken getreten. Er hat eine Blume, eine Zartheit und Feuer dabei, die vereint das Köstlichste bilden, was man sich nur denken kann. Leider kommt uns armen Schluckern nur selten etwas davon in den Becher, da die Leiste königliches Kammergut ist und die wenigen Flaschen, die zuweilen ins Publikum gelangen, außerordentlich hoch im Preise stehen. Der eigentliche Leistenwein wächst auf der südlichen Abdachung des Schlosses. Sein Ruf ist kaum 150 Jahre alt; denn erst um diese Zeit wurden die ersten Anlagen gemacht. Mehr noch fast die Kunst als die Natur haben der Leiste ihre so schätzbare Produktivität verliehen. Ein itali-

Festung im Frühdunst

sches Klima scheint an ihren Abhängen vorzuherrschen. Wenn ringsum Sturm und Winde tosen, so herrscht hier Stille und die Sonne sendet warme Strahlen herab. Wenn allerorten die Rebe noch grün ist, so hat sie hier schon die Sonne reifgekocht."

200 m Stadtlärm und Gebrauchtwagentristesse, dann kann unsere Wallfahrt zum Käppele beginnen. Wer zum Käppele hinauffährt, war nicht oben, man muß zu Fuß hinaufwallen

und langsam still werden, Wallfahrer werden. Spätestens auf der oberen Freitreppe weiß man auch das Anliegen.
Sprechen wir unser Gebet im Angesicht der Schmerzhaften Gottesmutter und entfliehen dann dem Andenkenrummel über die Treppe hinauf zum stillen Weg zur Frankenwarte und setzen uns dort auf eine Bank wie einst Hermann Hesse bei seinem Besuch in Würzburg, um „auszuruhen, mit geschlossenen Augen den inneren Bildern hingegeben, in den Ohren das dünne blitzende Tönenetz der vielen Singvogelstimmen, auf den Knien die warme Sonne, auszuruhen und zu vergessen, in welcher Stadt und in welchem Jahrhundert ich hier denn sei –".
Während unseres Aufstiegs zur Frankenwarte erleben wir einen vom Verbiß des Wildes verschonten Laubwald, der diesen Glücksfall mit einem Jungwuchs von nahezu tropischer Dichte auch noch im tiefsten Schatten des darüberstehenden Altholzes dankt. Am ersten Wegeabsatz biegen wir rechts ab, um uns den schönsten, weil noch nicht so abgedroschenen Festungsblick nicht entgehen zu lassen. Von unserer Bank geht's schräg links hinauf zum „Mainfranken-Luginsland", zur Frankenwarte, einem der liebenswertesten Aussichtstürme Frankens aus einer Zeit, als die Wandervögel noch nach der blauen Blume suchten.
Die Frankenwarte ist den Würzburgern von Anbeginn ans Herz gewachsen, man spürt es heute noch an der Verkehrsbeschilderung, die für die Frankenwarte mindestens so deutlich ist wie für die Residenz, sie war noch stärker zur Zeit der Erbauung im Winter 1893, als ein Aufschrei durch die Stadt ging, weil es hieß, der Bau sei eingestürzt . . . dabei herrschte an diesem Tag nur starker Nebel. Sollte an unserem Wandertag Nebel herrschen, dürfte es uns eigentlich auch nicht verdrießen, der Bus hält direkt vor der Frankenwarte und wiederzukommen ist wohl der tiefere Sinn eines entdeckten Lächelns.

Ein Fachwerkkleinod entdeckt sich neu

9 Thüngersheim – Retzstadt

Ausgangspunkt:	Haltestelle Thüngersheim/Kindergarten der Bahnbuslinie 8065
Wanderstrecke:	12 km
Höhenunterschied:	300 m
Markierung:	Teilweise blaues M, rotes Kreuz
Kunstdenkmäler:	Retzstadt: Pfarrkirche St. Andreas Thüngersheim: Pfarrkirche St. Michael mit Kirchenburg, Dorfkern mit Fachwerkhäusern und Mauerbefestigung
Einkehr:	Retzbach: Gasthaus Stern Thüngersheim: Bären, Traube, Rotmännle, Winzerhof

Wir beginnen unsere Wanderung über die Schulstraße, an deren Ende uns ein Wegweiser Einlaß gewährt in die bereinigte Ordnung des heutigen Johannisberges. Von den alten Weinbergslagennamen sind nur der Johannisberg, der Scharlachberg und als Großlage der Ravensburg übriggeblieben, und Rotmännlein, Wagenwand, Goldbühl und Etzburg sind ebenso verschwunden wie viele der Hecken und Streuobstbäume.
Am Ende unseres ersten Anstiegs verheißt uns ein grüner Wegweiser nach rechts Naherholung und hält sein Versprechen gleich in zweifacher Form: zuerst mit einem weiten Ausblick auf Thüngersheim und Erlabrunn, dessen Käppele aus den Schwarzkiefern des Volkenberges herüberwinkt und dann mit einem zünftigen Grill- und Kinderspielplatz links oberhalb unseres eigentlichen Wanderweges. Auch ein paar

herrlich unordentliche alte Obstgärten und Kleinstweinberge haben sich in einer kleinen Seitenmulde verstecken können – das Herz des Naturschützers beginnt wieder langsam zu schlagen.
Bleiben wir noch ein wenig beim Weinbau und schauen hinüber zu den roten Hängen des Scharlachberges, auf dessen bewaldeter Kuppe einst die sagenumwogene Etzburg gestanden haben soll: der rote Boden und der Name Scharlachberg weisen uns auf eine geologische Besonderheit der Thüngersheimer Weinberge hin, nämlich die enge Verzahnung von Oberem Buntsandstein und dem Wellenkalk des Unteren Muschelkalks. Vielleicht rührt daher die besonders spritzige Note der Thüngersheimer Weine, die ihren Winzern zusammen mit den zusätzlichen Einkünften aus den Steinbrüchen auch schon in früheren Jahrhunderten einen gewissen, wenn

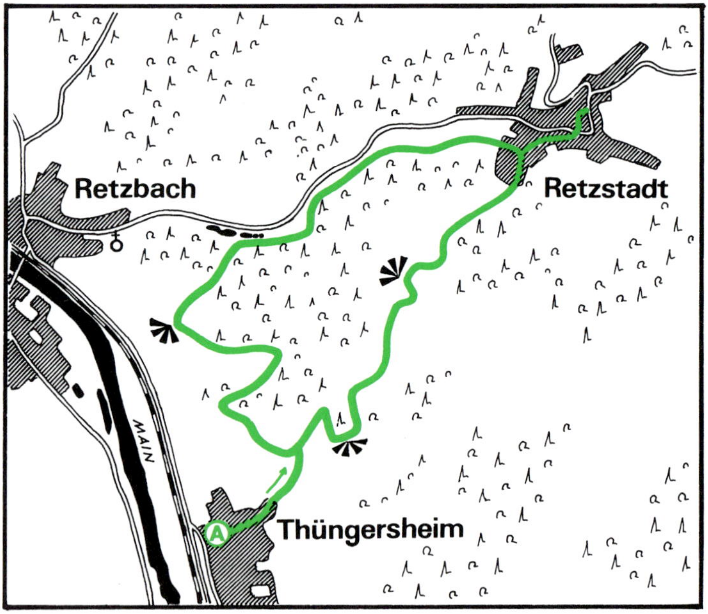

Thüngersheim: Haus Nr. 188

auch bescheidenen Wohlstand einbrachten. Der beste Beweis hierfür sind die von jeher über dem Durchschnitt anderer Landgemeinden liegenden Immatrikulierungen von Thüngersheimern an der Würzburger Universität.
Unser Weg ist mit Retzstadt-Wegweisern gut gekennzeichnet, so daß wir ohne Schwierigkeiten die Anhöhe und hier für ein kurzes Wegestück das blaue M erreichen. Wir bleiben jedoch nur für etwa 100 m nach rechts auf dem Mainwanderweg, biegen dann aber wieder links ab, um uns den Genuß eines umfassenden Rhön-Spessart-Panoramablicks von der Breit-

feldhöhe aus nicht entgehen zu lassen. Gedanken an eine Kreuzberg-Wallfahrt werden wach: Man spürt die Anziehungskraft der fernen Berge am Horizont und auch die Kraft, die solch ein Ausblick den müden Beinen eines Wallfahrers geben kann.
Der erste Weinbergsausläufer des Retzstadter Langenberges greift bereits die Talmulde herauf und ist uns ein zuverlässiger Wegbegleiter hinunter nach Reccistadt, dem uralten Weinort im Tal der Retz, der bereits in Schenkungen Pippins und Karls des Großen urkundlich erwähnt wird. Auch hier gab es einst einen Wurmberg, Frohnberg, Düntel, Beeten; 500 ha, also fast ein Viertel der Gemarkung waren schon einmal mit Weinreben bepflanzt. Geblieben sind die rentablen Südlagen und die Großlage Retzstädter Langenberg.
Wir merken uns die Schulstraße für unseren späteren Rückweg, wollen aber jetzt zusammen mit dem roten Kreuz dem Fachwerkortskern und der Pfarrkirche St. Andreas einen Besuch abstatten, deren Hochaltarentwurf seinerzeit Balthasar Neumann approbierte und deren Fresken von dem Thüngersheimer Sebastian Urlaub stammen, dem Vater des berühmten Georg Anton Urlaub.
Auf dem Rückweg wird die Schulstraße zum stillen Feldweg ins grüne Tal der Retz und läßt uns in überreichem Maß erleben, wonach wir uns im Thüngersheimer Intensivweinbaugebiet gesehnt haben: Trockenrasen, aufgelassene Weinberge, alte Streuobstbäume, man möchte manchmal Puzzle spielen und das wirtschaftlich Notwendige mit dem gottvoll Unproduktiven mischen dürfen.
Die stille Schönheit des grünen Tals gefiel anscheinend auch schon anderen Leuten und es wirkt fast erheiternd, mit welchen Eingrünungstricks die Wochenendhäuslebauer ihre Behausungen vor den prüfenden Augen der Landratsamtbediensteten zu verstecken suchten.
Kurz vor der Störleinsmühle macht das rote Kreuz einen gut markierten Knick hangaufwärts und führt uns in einen alten Stockausschlagwald. Auch er ist ein Stück fränkischer Kultur-

Thüngersheim: Gaden der ehemaligen Kirchenburg

geschichte, denn seine Bewirtschaftung mit den immer wiederkehrenden Unterholzhieben und dem Belassen einiger weniger Samenbäume war über Jahrhunderte die beste Nutzungsform für die Brennholzgewinnung. Heute geht es diesen immer seltener werdenden sogenannten Mittelwäldern ähnlich wie den aufgelasssenen Weinbergen: Ihr geringer wirtschaftlicher Wert wird in den Augen von Naturschützern und vielen Forstleuten mittlerweile durch den ökologischen Wert mehr als aufgewogen.
Bei den Angelteichen verlassen wir das rote Kreuz auf einem Forstweg schräg links hangaufwärts. Wir überqueren den Graben nicht, sondern bleiben an der diesseitigen Hangschulter auf Erdwegen, queren fast am Ende des Anstiegs einen Waldweg und bleiben nun für etwa 50 m ohne Weg hangaufwärts am inneren Waldrand. Wir erreichen wieder einen

Hohlweg, der uns den Rest der Anhöhe hinaufführt und uns oben mit einem wunderschönen Rückblick uns grüne Tal belohnt und gleich darauf mit einem noch nicht erwarteten Maintalblick überrascht.
Blaues M und blauer Keil halten sich an der Hangkante für ein sehr romantisches Stück Rückweg Richtung Thüngersheim bereit, ab und an einen Ausblick auf die „stromdurchglänzte Au“ freigebend. Die Stille eines solchen Höhenweges und das Abgeschirmtsein vom Lärm im Tal ist immer wieder ein beglückendes Erlebnis. Beim ersten großen Naturschutzgebietsschild verlassen wir den markierten Weg nach rechts hangabwärts, treffen auf einen Betonweg, der uns bequem hinunter durch den Schwarzkiefernwald und wieder hinaus in den Thüngersheimer Johannisberg bringt. Unser Rückweg ist nun nicht mehr zu verfehlen, und wir können noch ein paar Gedanken an alte Mainfischerzeiten, die noch gar nicht so lange vergangen sind, nachhängen. Um 1830 ernährte die Fischerei im unbegradigten Main noch acht Thüngersheimer Familien. Das Würzburger Gasthaus Zur Schiffbäuerin garantierte eine wöchentliche Abnahme von vier Butten zu je einem Zentner Mainfischli, und die edlen Mainfische wurden von den Thüngersheimer Fischerfrauen, in grüne Blätter gewickelt, auf dem Würzburger Markt feilgeboten.
Geblieben ist uns der Thüngersheimer Wein, und den wollen wir jetzt in einer der alten Leinreiterherbergen verkosten, bevor wir zu einem letzten Bummel durch die Thüngersheimer Altstadt aufbrechen, um Thüngersheim zu erleben, wie es sich selbst neu entdeckt. Nach langen Jahren, die nur vom Lärm und Staub des Durchgangsverkehrs geprägt waren, wird nun Zug um Zug eine Fachwerkpracht freigelegt, die man sich bei einem früheren hastigen Durchfahren des Ortes nie hätte träumen lassen: Hs. Nr. 263 mit seinen Wasserspeiern, das Urlaubshaus, Hs. Nr. 188 mit seiner Madonna aus der Riemenschneiderschule, das Hirtentor, Hs. Nr. 260 mit seinen herrlichen spätgotischen eselsrückigen Fenstern . . . wir werden wohl noch einmal kommen.

Hier wählte Julius Echter seinen Sommersitz

10 Rimpar – Maidbronn

Ausgangspunkt:	Haltestelle Marktplatz – Rimpar der Linie 45
Wanderstrecke:	13 km
Höhenunterschied:	200 m
Markierung:	Teilweise blauer Strich, rotes Kreuz
Kunstdenkmäler:	Rimpar: Pfarrkirche St. Peter und Paul, Grumbachschloß Maidbronn: ehemaliges Zisterzienserinnenkloster St. Afra mit Riemenschneideraltar
Einkehr:	Maidbronn: Bürgerstuben Rimpar: Schloßgaststätte, Gasthaus Schäfer, Goldener Hirschen, Lamm

Sternplatz ließ Julius Echter den Marktplatz von Rimpar nennen und krönte ihn und seine zwanzigjährige Neu- und Umbautätigkeit in Rimpar im Jahre 1613 mit dem volutengeschmückten Rathaus, dem heutigen Gasthaus Stern. Julius Echter prägte neben den Grumbachern wohl am entscheidensten das Ortsbild von Rimpar, denn er kaufte 1593 das hochverschuldete Lehen von den Grumbachern, erkor das Schloß zu seinem Sommersitz, erweiterte es großzügig und ließ zusätzlich eine neue Kirche aufführen.

Der blaue Strich wartet schon am Sternplatz, führt uns ein kurzes Stück Richtung Güntersleben und auf der Höhe des Gasthauses Schäfer rechts hinauf in die Storchgasse, die weiter oben zum Hohlweg wird und uns wenig später auf der Höhe des Fernsehumsetzers den schönsten Blick auf Rimpar bietet.

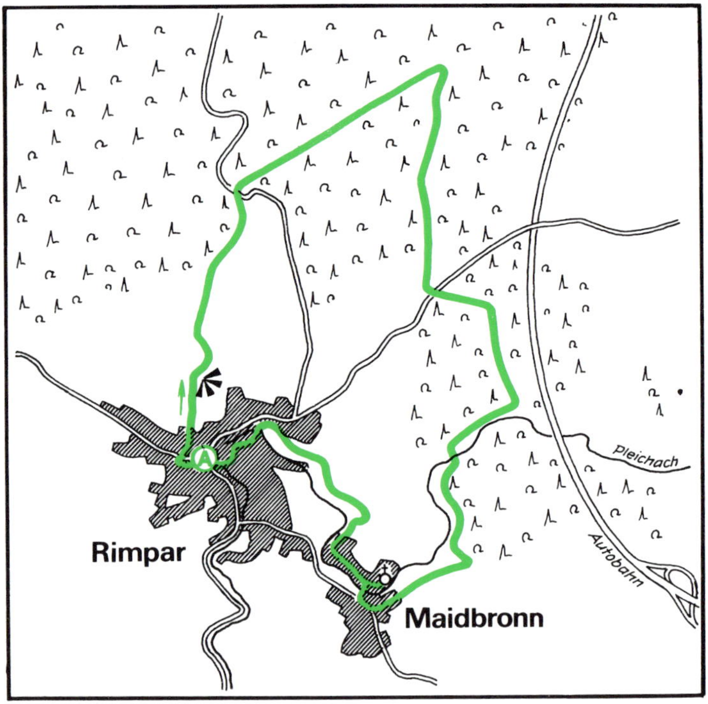

Schwarzdorn, Holunder und Heckenrose säumen zunächst noch unseren Weg hinüber zur Leimerzhecke; weiter oben versucht die Flurbereinigung mit Windschutzpflanzungen Verlorengegangenes nachzubessern. Drüben am Waldrand erinnert das Wolfsbild unter zwei mächtigen Linden an die schreckliche Sage, nach der hier eine siebenköpfige Familie von den Wölfen gerissen worden sein soll. Wir verlassen an diesem Punkt den blauen Strich und gehen je nach Sonneneinstrahlung außen auf dem befestigten Weg oder 30 m weiter innen auf schattigem Waldpfad in Richtung Gramschatzer Straße. Langsam baut sich die machtvolle Kulisse des Cromschnitz vor uns auf – so hieß der Gramschatzer Wald zur Zeit

des hohen Mittelalters, als Kaiser Heinrich ihn auf Bitten seiner Gemahlin Kunigunde dem Würzburger Fürstbischof zum Geschenk auftrug – vielleicht auch als kleines Trostpflaster für die zum neuen Bistum Bamberg abgegliederten Würzburger Bistumsteile.
An der Gramschatzer Straße schlagen wir einen 30-m-Haken nach links, biegen rechts ab und tauchen mit der sogenannten Hohen Straße unter Eichen, Buchen, Kirschen und Hainbuchen gänzlich ein in den Wildbann der Würzburger Fürstbischöfe. Die feuchte Mulde zu unserer Linken erinnert uns an die rührselige Geschichte vom Blauen See, an dem Barbara von Grumbach, die Witwe Florian Geyers, ihre blauen Augen ausgeweint haben soll, nachdem ihr Mann durch Wilhelm von Grumbach, ihren Bruder, gemeuchelt worden war. Wilhelm von Grumbach hatte ursprünglich zur Seite der Bauern tendiert, richtete jedoch durch diese Untat sein Fähnlein wieder in den bischöflichen Wind, nachdem er die Sache der Aufständischen verloren sah.
Wir queren den ausgebauten Forstweg und bleiben so lange auf der Hohen Straße, bis wir auf die Markierung mit dem roten Kreuz stoßen und uns mit ihr nach rechts in Richtung Maidbronner Forst wenden. Das rote Kreuz begleitet uns auf einem beschaulichen Waldwegestück bis an den Rand der Rimparer Flur und quert dort die Straße nach Burggrumbach. Wir verlassen es hier talabwärts mit dem ausgebauten Forstweg nach links in Richtung Pleichachgrund. Ein zusätzlicher Weiser, daß wir uns hier im Maidbronner Forst auf dem richtigen Weg befinden, ist der immer näher kommende Lärm der Autobahn. Am Rand des Pleichachtales biegen wir rechts ab und treffen wenig später wieder auf unser rotes Kreuz, mit dem wir den Pleichachgrund überqueren. Am jenseitigen Talrand bleiben wir, wenn die Witterung nicht zu feucht ist, unten im Talgrund, um den gelassenen letzten Schwung der Pleichach in Richtung Maidbronn unmittelbar auszukosten. An heißen Tagen jedoch empfiehlt sich der Waldweg eine Etage höher.

Im Rimparer Schloßhof

Das Zisterzienserinnenkloster St. Afra wurde von Hermann von Lobdeburg im jahr 1235 ursprünglich auf dem Rotkreuzhof gegründet, drei Jahre später jedoch schon wegen Unfruchtbarkeit des Bodens an seinen heutigen Platz verlegt. Der Name Fons virginis, Maidbronn, verdrängte den früheren Namen Etzelenhusen. Von der ehemalige Klosterkirche ist nur noch der sogenannte Laienchor erhalten; der durch den Turm abgetrennte Nonnenchor wurde abgerissen. Das Kirchlein birgt in seinem Innern Tilman Riemenschneiders letztes Werk, die in Stein gehauene Beweinung Christi, von vielen auch als sein bestes eingestuft. Wir sollten uns eine sonnige Mittagsstunde aussuchen, um die vollendete Kunst des Meisters mit dem Meißel im entsprechenden Licht bewundern zu können.

Das verwitterte Epitaph an der Kirchenaußenwand mit dem

nach rechts blickenden Mohren weist den Stein als Grumbacher Grabstein aus, denn die beiden Wolfskeel-Seitenlinien Reichenberg und Grumbach waren ob desselben Wappens in Streit geraten und mußten sich im Jahr 1496 dem höchstkaiserlichen Schiedsspruch Kaiser Maximilians beugen, der sie anwies, den Grumbachschen Mohren nach rechts und den Reichenberger Mohren nach links blicken zu lassen.
Die Wiesenstraße bringt uns hinaus zum Grumbacher Grund, der fast noch idyllischer wirkt als der Pleichachgrund und mit seinen flächig über die ehemaligen Weinbergslagen hinwuchernden Hecken zu einem Vogelparadies ersten Ranges geworden ist. Hier läßt nicht nur der Fasan seinen Lockruf erschallen, es kann vielmehr vorkommen, daß am hellichten Tag mehrere Nachtigallen mit ihrem Schlag wetteifern.
Das mächtige Rimparer Schloß hält sich, wie so oft, sehr lange bedeckt, bis es dann am Ende der Kaspar-Schnetter-Straße um so wuchtiger vor uns steht und uns einlädt zu einem kleinen geschichtlichen Exkurs. Die alte Grumbacher Linie starb bereits 1243 im Mannesstamm aus, ihr Besitz kam an die Rienecker, die sich jedoch aus Finanzschwierigkeiten bereits knapp hundert Jahre später in mainzische Lehensherrschaft begeben mußten. 1328 wurde das hochverschuldete Lehen von Mainz an die Wolfskeel verkauft, die sich hier ihren Rittersitz erbauten, sich Wolfskeel von Grumbach und später nur noch von Grumbach nannten. Das unrühmliche Ende dieser Linie leitete der schon erwähnte Wilhelm von Grumbach durch sein Verhalten im Bauernkrieg ein und verspielte schließlich Leib und Leben durch den von ihm initiierten Bischofsmord an Melchior Zobel von Giebelstadt, den er 1567 mit der Hinrichtung auf dem Gothaer Richtplatz sühnte. Eine kurze Gnadenfrist war seinen bußfertigen Erben Kunz und Konrad gegönnt, der Zusammenbruch jedoch war unabwendbar, und Julius Echter zog schließlich 1593 den Schlußstrich durch den Aufkauf des hochverschuldeten Lehens. Er, der durch seine Sparsamkeit weithin bekannt war, stattete den von ihm erwählten Sommersitz in wahrhaft fürst-

licher Manier aus und hinterließ uns drei Renaissance-Rittersäle, zum Teil mit Kassettendecken in venezianischer Manier, die nicht nur in Unterfranken ihresgleichen suchen.
Die Gemeinde Rimpar hat sich dieser fürstlichen Verpflichtung erinnert und das Grumbachschloß mit einem immensen Kostenaufwand in neuem Glanz erstrahlen lassen, der als Musterbeispiel fränkischer Denkmalspflege gelten kann. In den Gewölben hat sich dankenswerterweise eine Schloßgaststätte angesiedelt, so daß wir auch noch die Möglichkeit haben, den Rimparer Kobersberg, so nennt sich die hiesige Weinbergslage, stimmungsvoll vor Ort verkosten zu können.

Riemenschneider Altar, Maidbronn

Ein fränkischer Sonderfall

11 Sommerhausen

Ausgangspunkt:	Haltestelle Sommerhausen-Kirchplatz der Bahnbuslinie 8066
Wanderstrecke:	10 km
Höhenunterschied:	200 m
Markierung:	Teilweise roter Punkt, blaues M, brauner Keil, rotes Naturfreundezeichen
Kunstdenkmäler:	Protestantische Kirche, Schloß, Rathaus, Ortsbild
Einkehr:	Sommerhausen: Ochsen, Schwan, Anker Weinstuben: Ritter Jörg, Unkel, Bockshorn Winterhausen: Brücke

In Sommerhausen ist alles anders, das stellen wir bereits am Kirchplatz fest, wo sich zu unserem Erstaunen die Kirchentüre zur evangelischen Kirche öffnen läßt und uns vornehmes Eichenholz, nobles Schnitzwerk samt einer bleiverglasten Patronatsloge geboten wird.
Katharinengasse . . . , Am Berghof . . . , und schon sind wir mittendrin in der Sommerhäuser Idylle, die es noch immer geschafft hat, dem Postkartenrummel zu entrinnen und sich selbst zu genügen. Nach dem Berghof, dem ehemaligen Weinlesehof des Gumbertusstifts in Ansbach, das wie in Eibelstadt die Einbringung des Lesegutes vor Ort überwachen ließ, steigen wir hinauf zur Ölspielstraße. Dem Zauber einer alten Stadtmauer folgt der Zauber uralter Weinbergsmauern, aus deren Hecken uns Nachtigallen entgegenschlagen. Dazu noch der Blick zurück über ein märchenhaftes Stadtbild – es ist fast zu schön, um wahr zu sein!

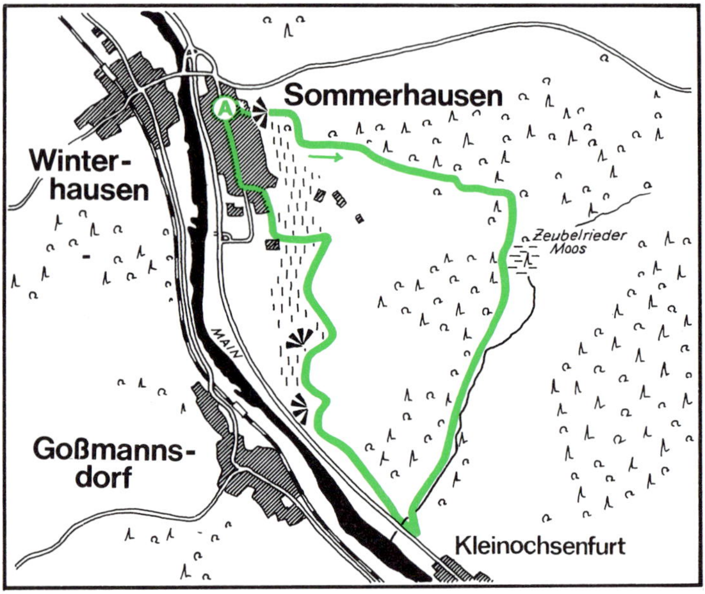

Der rote Punkt führt uns entlang der Weinbergslage Steinbach hinauf zu einem roten Wegkreuz, hinein in einen kleinen Eschen-Eichen-Schluchtwald, der im sanften Ansteigen nach rechts langsam zum Kiefernwäldchen wird – zusammen mit den ausgedehnten Spargelkulturen ein sicheres Zeichen für die mächtige Sandauflage der Muschelkalkberge hier oben auf der Hochfläche.
Nach dem Wildparkgelände biegt unser Punkt rechts ab in den Eichwald, der seinem Namen, zumindest in der Zwischenschicht unter den Kiefern, wieder zur Ehre verhelfen will, unterstützt von Haseln und Kirschen. Der ursprünglich in Würzburger Besitz befindliche Eichwald ging seinerzeit zu einem Drittel an Sommerhausen zum Dank dafür, daß die Sommerhäuser den vierzigsten Bischof Iring von Reinstein (1254–1266) aufnahmen, als er vor den Gewalttätigkeiten der Würzburger flüchten mußte.

An der Kreuzung beim Höhenpunkt 260 schwenkt unser Punkt nach rechts; für hungrige Geister wäre hier die kürzeste Abzweigmöglichkeit geradeaus zur Einkehr im ehemalig schwarzenbergischen Erlach.

Was die erlen-, weiden- und pappelbestandenen Quellwäldchen schon angedeutet hatten, vollendet sich wenig später: Wir stehen an den Ausläufern des Zeubelrieder Moores, einem der wenigen naturnahen Feuchtgebiete im Landkreis Würzburg. Der Stichweg zum Naturschutzgebiet hinüber mit dem grünen Naturfreundezeichen lohnt sich allerdings nur für den botanisch Interessierten, der am Rande des Schutzgebietes die Problematik von Natur-Oasen inmitten intensiver Landwirtschaft erkennen wird: Eine Eutrophierung, hervorgerufen durch Düngung der umgebenden Ackerflächen ist nicht zu übersehen. Wo der rote Punkt rechts abbiegt, bleiben wir geradeaus entlang dem Rappertsmühlbach oder dem Ochsengrund, wie ihn die Sommerhäuser nennen. Die Hangseite zu unserer Linken zeigt uns im Hinauswandern ein Stück unverfälschter fränkischer Waldgeschichte, echte Mittelwaldwirtschaft im 20. Jahrhundert, das heißt Brennholzhiebe, die im wiederkehrenden Turnus einen Großteil des Waldes „auf den Stock setzen" und dazwischen gutgeformte Oberhölzer, sogenannte Laßreidel, für den nächsten Umtrieb stehenlassen. Wälder dieser Art sind mittlerweile auch in Unterfranken eine Rarität geworden, insbesondere solche, die bis auf den heutigen Tag in ihrer archaischen Form bewirtschaftet werden.

30 m vor der B 13, im Angesicht der Kleinochsenfurter Kirche, finden wir unser Rückwegzeichen, den braunen Keil, der uns durch Weinreben und Hecken in die Lage Reifenstein hinaufbringt. Zwischen Schlehen, Heckenrosen, Liguster und Trockenmauern schwelgt das Herz des Naturschützers, und Feldahorn, wilde Kirschen und Birnen werden zum lebenden Bilderrahmen für Goßmannsdorf jenseits des Mains. Oben bei den alten Quaderkalksteinbrüchen wird unser Weg für eine kurze Zeit zum abenteuerlichen Gebirgspfad entlang der

Sommerhäuser Filigran

Hangkante, auf der uns jedoch immer wieder braune Keile den richtigen Weg zeigen. Der Blick hinunter auf die „müßige Schlange“, wie Günther Winbauer einmal den Main nannte, auf die Lastschiffe und die wenigen Kiesbänke und Altwässer bringt uns wieder einmal die Zwiespältigkeit dieser Großschiffahrtsstraße nahe. Im gleichen Ausmaß wie das Frachtaufkommen stieg, sank der Fischertrag. Wurden zu Zeiten von segelbestückten Lastschiffen und der an ihrer Grundkette den Main hinaufscheppernden Mainkuh noch 100 kg Fisch pro Hektar Wasserfläche im Jahr gefangen, so sind es heute keine 20 mehr.

Langsam rücken die beiden Orte der ehemaligen Doppelsiedlung Ahausen, die um das Jahr 600 entstand, wieder in unser Blickfeld. Die ursprünglich reichsunmittelbaren Ortschaften Winter- und Sommerhausen kamen zunächst als Lehen an die Hohenloher und nach deren Aussterben an die Limpurger, die über Jahrhunderte hinweg das Amt der kaiserlichen Mundschenke bekleideten. Ludwig Uhland schrieb zur Entstehung des Schenkenamtes ein romantisches Gedicht.
Als Letzte kamen die niederländischen Grafen Rechteren zu Beginn des 18. Jahrhunderts in den Genuß des Limpurger Erbes und nannten sich fortan Rechteren-Limpurg. Zur Zeit der Mediatisierung im Jahre 1803 wäre es beinahe noch zum Sommerhäuser Krieg gekommen, der dann gottlob doch nicht stattfand, als der letzte amtierende Limpurger nicht wahrhaben wollte, daß seine kleine Grafschaft aufgrund höherer Weisung dem Lande Bayern einverleibt worden war.
Jahrhundertelang gab es nur eine Fährverbindung zwischen den beiden Ortsteilen, und die obligaten Fährmannsquerelen finden sich auch in den Sommerhäuser Ratsprotokollen, wo vom Fährmann geschrieben steht, daß er „mit höhnischem Lächeln auf die Überfahrenden sieht, seiner Bequemlichkeit wegen, ungeachtet sich derselbe gut zahlen läßt und auch bezahlt wird, und läßt dieselben zu halben und ganzen Stunden oft der Gesundheit nachteilig verweilen".
Wo der Sommerhäuser Reifenstein wieder zum Steinbach wird, vereinigen sich brauner Keil und blaues M und schlendern mit uns hinein in das fränkische Worpswede; ja sogar mit einem fränkischen Montmartre hat man Sommerhausen schon verglichen, von dem Horst Krüger sagt, daß es sich um einen hochkomplizierten fränkischen Sonderfall handelt, eine „gemischte Gesellschaft aus Weinbauern und Künstlern, die in ihrer Gebrochenheit produktiv werden und sich selbst beträchtlich übersteigern".
Schon lang vor dem Krieg kamen die ersten: Karl Großburg, Jörg Hartmann, Irmingard von Freiberg und während des Krieges der unvergessene Luigi Malipiero, der für Sommer-

hausen genauso geboren schien wie Sommerhausen für ihn. Worin liegt das bodenständige Flair dieses Ortes, das ein Salzburg klischierendes Sommerhausener Rezital kurzerhand abwürgte und nun wieder einen Veit Relin zu den seinigen zählen darf? Viel ist schon darüber gerätselt worden, und wenig hilfreiche Erklärungen kamen dabei heraus.
Könnte es nicht eine über Jahrhunderte hinweg tolerante Herrschaft gewesen sein, die auch den Leibeigenen das Gefühl des Menschseins gab und in einem gemäßigten Protestantismus dem Prinzip des „Leben und leben lassen" huldigte?
Ein Franz Daniel Pastorius konnte eigentlich nur aus Sommerhausen kommen, denn auch ihm, dem Leitbild der Amerikaauswanderer des 17. Jahrhunderts, ging es mehr um die religiöse Grundhaltung als ums Geschäftemachen, als er am 25. Oktober 1683 Germantown, den heutigen 22. Bezirk der Stadt Philadelphia gründete mit den Ortsteilen Crefeld, Griesheim und Sommerhausen. Er, der Bürgermeister, Friedensrichter, Lehrer, Notar und Schriftsteller in einer Person war, kämpfte hauptsächlich für die Menschlichkeit und verfaßte eine erste Protestschrift gegen die Sklaverei.
Mischen wir uns unter die gemischte Gesellschaft und überlassen wir die letzte Klärung des Falles dem Ölspiel.

Auf einem historischen Naturpfad

12 Waldbüttelbrunn

Ausgangspunkt:	Haltestelle August-Bebel-Straße der Linie 47
Wanderstrecke:	12 km
Höhenunterschied:	100 m
Markierung:	Teilweise blauer Schrägstrich
Kunstdenkmäler:	St. Bartholomäus
Einkehr:	Rose, Traube

Unser Weg beginnt über die Würzburger Straße in Richtung Zell, wo wir kurz vor der Abzweigung der St. Burkardstraße den abwärtsführenden Fuß- und Radweg einschlagen. Mit dem hl. Burkard beginnt auch die Geschichte Waldbüttelbrunns, denn er schenkte es 748 dem von ihm gegründeten Andreaskloster, das später zum Ritterstift St. Burkard umgewandelt wurde. Die „stark sprudelnde Quelle im Wald", auf diese Deutung des Namens Waldbüttelbrunn haben sich mittlerweile die Namensforscher geeinigt, nachdem der Gerichtsbüttel ebenso verworfen wurde wie ein frühes, auf den heidnischen Gott Wotan zurückgeführtes Kultheiligtum.

Etwa 50 m nach der Fußgängerunterführung heißt es aufgepaßt, ein kleiner Trampelpfad führt links abwärts in den Wald hinein, stößt kurz darauf auf einen quer verlaufenden Erdweg, wo wir uns links halten und kurz darauf am Rand des Eichenhochwaldes auf das alte „Waldbüttelbrunner Sträßla" stoßen. Mit ihm wandern wir gemächlich hangabwärts wie einst jahrzehntelang die Waldbüttelbrunner, die bei der Schnellpressenfabrik König & Bauer ihr Brot gefunden hatten. Es ist heutzutage fast nicht mehr nachvollziehbar, welche Anmarschwege zur Arbeitsstätte in früheren Zeiten selbstverständlich in Kauf genommen wurden. Genauso sicher ist aber auch, daß die Arbeiter vergangener Tage von keinem

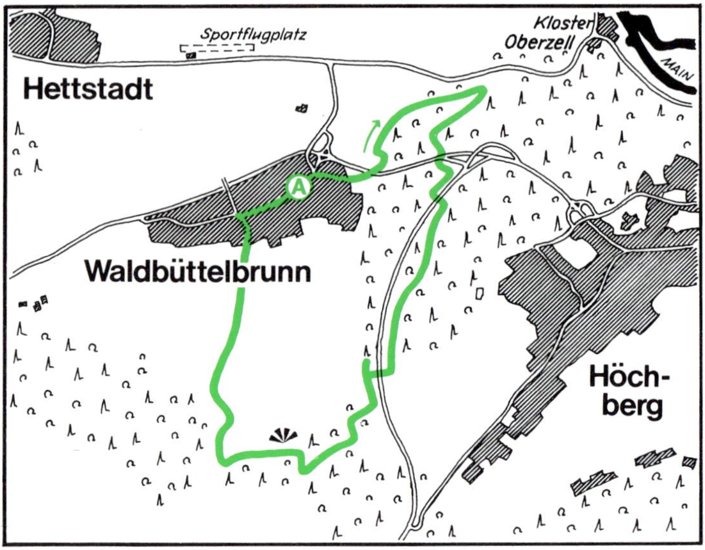

Stau gestreßt und aufgetankt mit frischer Waldluft am Arbeitsplatz erschienen. Die ganze Pracht des fränkischen Laubwaldes von Eiche, Buche, Hainbuche bis zur Elsbeere und zum Feldahorn ist vor uns ausgebreitet, zusätzlich bereichert durch Heckenkirsche, Weißdorn und Schneeball in der Strauchschicht und Haselwurz, Waldmeister und Salomonssiegel am Boden. Unser „Sträßla“ bleibt dabei immer in Sichtweite des Waldrandes knapp innerhalb der Staatswaldgrenze, worauf die alten kW-(königlicher Wald)-Grenzsteine hinweisen. Wir kommen zu einem ausgebauten Forstweg und wenden uns mit ihm wieder bergwärts zurück und kreuzen mit ihm die B 8 in einer Unterführung und die B 27 über eine Brücke. Jenseits der Brücke biegen wir rechts ab und lassen uns in einem langen Linksbogen wieder vom schallschützenden Grün des Waldes verschlucken.

Bei den bizarren Überresten eines alten Lettenkeupersandsteinbruches stoßen wir erstmalig auf den blauen Schrägstrich des Naturlehrpfades. Dieser Lehrpfad, einer der ersten seiner Art, wurde bereits in den Jahren 1933 und 1934 vom Verschönerungsverein Höchberg angelegt. Was Neubaugebiete und gigantische Umgehungsstraßen heute nach 50 Jahren übriggelassen haben, ist noch immer sehenswert wie zum Beispiel der kleine, manchmal völlig ausgetrocknete Pfadfindersee am tiefsten Punkt des Sandsteinbruches. Kamm- und Bergmolch bewohnen ihn noch immer, nur der Eisvogel, der in der ersten Beschreibung aus der Entstehungszeit des Pfades erwähnt ist, dürfte mittlerweile Reißaus genommen haben. Der ebenfalls zitierte Pirol dagegen läßt sich mit seiner süßen Flötenstimme an lauen Sommertagen durchaus noch vernehmen.

Der stillen Schönheit des Bauernsees sollten wir nur von Ferne einen Blick widmen, nahes Hinzutreten würde nur die empfindlichen Uferbereiche des kleinen Naturschutzgebietes schädigen und die Brutruhe der Wasservögel stören. Am Waldrand erwartet uns ein Blick zur Frankenwarte, die oberhalb Höchbergs herübergrüßt. Jenseits der Unterführung erlaubt der dritte See unseres Lehrpfades, der Längsee, zwar einen Blick auf Sumpfschachtelhalm und Wasserhahnenfuß, die etwas übereifrigen Naherholungsbemühungen hat er jedoch durch seine herrlich undurchdringlichen Salweidenbüsche und den morastigen Wasserzugang schon fast wieder zum Erliegen gebracht.

Entlang der kleinen Grabenmulde steigen wir nun hinauf zum Tiergartenwald, der zu Zeiten der sächsisch-thüringischen Herzöge tatsächlich einmal als großes Freigehege diente und heute eines der seltenen geschützten Feuchtgebiete im Landkreis Würzburg behütet, das kleine Hochmoor des Tiergartensumpfes mit dem dahinterliegenden Erlenbruch des Finstersees. Auch hier sollten wir die befestigten Wege nicht verlassen und Sumpfblutauge und Schlankes Wollgras nur von Ferne bewundern. Wir umgehen das Feuchtgebiet auf der jenseitigen Anhöhe und werden durch Grenzsteine mit den Buchstaben HS über einer kleinen Leiter wieder an die Zeit

Am Pfadfindersee

des Ritterstifts St. Burkard erinnert. HS bedeutet Hofspital, und die Weinleiter führte Johann von Allendorf, der erste Propst des Ritterstifts in seinem Wappen. Am Ende des großen Feuchtgebietes treffen wir auf einen alten befestigten Fahrweg und verlassen unter einer mächtigen Eiche den blauen Schrägstrich des Naturpfades nach rechts in Richtung Waldrand.

Angesichts der beiden Türme der neuen Bartholomäuskirche von Waldbüttelbrunn bleiben wir noch für eine Weile am Waldrand, bis wir am Ende eines kleinen Fichten-Kiefern-Wäldchens rechts abbiegen und an der Grabenmulde in die

Flur hinauswandern und dabei mit Genuß registrieren, wie Weidenbüsche und Sumpfdotterblumen die einstige starre Geometrie der Flurbereinigung wieder abmildern und den beabsichtigten schnellen Abfluß des Wassers wohltuend gebremst haben. Ebenso wohltuend ist die Rückbesinnung auf die alten Tugenden des Streuobstbaues zu beiden Seiten des Betonweges, der die letzte Anhöhe nach Waldbüttelbrunn hinaufführt.

Über den Eisinger Weg kommen wir zur Reichenstraße, die alljährlich einmal zum Schauplatz für die weithin berühmte Bartholomäus-Kirchweih wird.

Bartholomäus war schon immer der höchste Feiertag in Waldbüttelbrunn, und erst in den späteren Wirtschaftswunderzeiten war es etwas stiller geworden um diesen Heiligen. Die vom Abriß bedrohte alte Bartholomäuskirche war schließlich der Anlaß dafür, daß sich die Bürger zu dieser neuen Form der Kirchweih aufrafften und nunmehr seit acht Jahren drei Tage lang in jedem Anwesen der Reichenstraße ein anderes typisches fränkisches Gericht zum Besten geben und in den alten Gewölbekellern wieder Frankenwein zum Ausschank bringen. Der Erlös der ersten Kirchweih-Veranstaltungen diente der stilgerechten Restaurierung der alten Kirche, die nun als Festsaal genutzt wird und sich mittlerweile mit Dichterlesungen in fränkischer Mundart schon einen Namen gemacht hat.

In Bischof Heinrichs Wildbann

13 Güntersleben

Ausgangspunkt:	Haltestelle Rimparer Straße der Linie 19
Wanderstrecke:	11 km
Höhenunterschied:	100 m
Markierung:	Fuchs, rotes Kreuz, blauer Strich, gelber Keil
Kunstdenkmäler:	Pfarrkirche St. Maternus
Einkehr:	Gasthaus Schönbrunnen, Altenberg

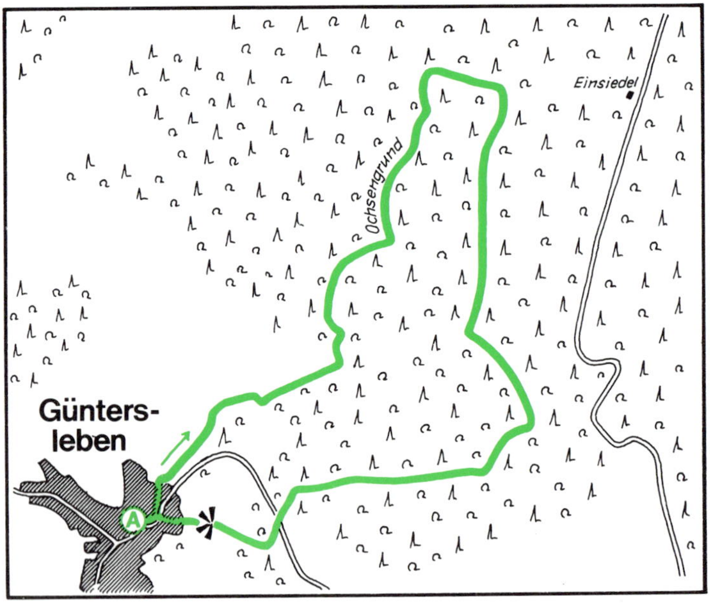

Bevor wir über das Heimgartenweg-Brücklein den Augraben überschreiten und uns durch die Schrebergärten den Weg zum Sportheim suchen, sollten wir über die Kirchgasse hinauf eine kleine Wallfahrt zum hl. Maternus machen.
Dieser zweite Kirchenbau, der um die Wende des 12. Jahrhunderts aufgeführt wurde, war ursprünglich an einem anderen Platz geplant, jedoch sollen die Bausteine jeden Morgen verschwunden und am heutigen Kirchplatz gelegen haben, so daß die Maternuskirche mit ihrem Bau bereits zur Wallfahrtskirche wurde. Das romanische Turmuntergeschoß stammt noch aus der Erbauungszeit, der Chor und das herrliche Tympanon über der Eingangstüre sind dem 14. Jahrhundert zuzurechnen. Die prächtige Figur des hl. Maternus, dessen Fest noch heute mit großem Gepränge alljährlich im September begangen wird, stammt von Johann Wolfgang van der Auvera.
Beim Sportheim steigen wir zum Neuen Weg hinauf und dürfen uns in der Mulde hinter der Mehrzweckhalle einen kleinen See und das uralte Dorf Güntersleben mit samt seiner Laurentiuskapelle vorstellen, das hier als ehemalige thüringische Niederlassung zum Ende der Völkerwanderungszeit bis zum 12. Jahrhundert bestand und alljährlich von Hochwassern und „zimblichen Morast" heimgesucht wurde, was dann auch die Verlegung des Dorfes in den Hangbereich um die Maternuskirche zur Folge hatte. Hochwasser und schlechte Wegverhältnisse waren deshalb noch lange nicht gebannt, und hauptsächlich wegen „übelen Weges und Winterszeit" wurde St. Maternus bereits Mitte des 14. Jahrhunderts von der Mutterkirche in Veitshöchheim abgetrennt und zur eigenen Pfarrei erhoben. Güntersleben unterstand jedoch weiterhin, wie schon seit dem Jahr 1097, dem Kloster St. Stephan in Würzburg.
Der Neue Weg mündet in eine ganz und gar nicht neue, sondern in langen Jahren gewachsene alte Hecke und führt uns mit einem stimmungsvollen Vogelkonzert zuerst in unmittelbarer Nähe des Aubaches und dann zum Waldrand hinauf-

versetzt langsam dem Gramschatzer Wald zu. Unser Bilderbuchwaldrandweg, der mit allen Arten von Sträuchern und ab und an sogar von einigen Elsbeeren geschmückt ist, bleibt uns teils am äußeren, teils am inneren Waldsaum erhalten, bis er in den ersten Seitengrund des Aubaches hinunterspringt, dort den Betonweg quert und uns ein kurzes Steilstück in den jenseitigen Kiefernwald hinaufschnaufen läßt. Wo der Anstieg verflacht, stoßen wir auf einen Querweg, den wir nach links einschlagen, einer zum Forstweg verbreiteten Trasse jedoch nur etwa 100 m folgen, um dann wieder auf dem alten, fast hangparallel verlaufenden Erdweg nach links zu bleiben. Auf der halben Strecke bis zum Beginn des Ochsengrundes wartet nochmals ein Anstieg, unser Weg bleibt jedoch immer in Sichtweite zu den Talwiesen, bis er kurz nach Beginn des Ochsengrundes auf einem grob befestigten Wegstück endgültig wieder nach links zum Waldrand hinunterfällt und bei einem Holzlagerplatz mit Rastbank wieder zum ausgebauten Forstweg wird. Kurz vor der Straße nach Gramschatz sehen wir das erste Markierungszeichen Fuchs und halten uns auf der Forststraße für etwa 50 m nach rechts hangaufwärts, um unmittelbar vor der Schranke am Rande einer Douglasiendickung links abzubiegen. Der Weg ist hier ungenügend markiert, so daß wir die erste Graswegegabelung nach ungefähr 30 m nicht übersehen dürfen, wo wir nochmals links abschwenken.

Wo der Hochwald beginnt, erscheinen dann auch wieder die Markierungszeichen. Am edlen Eichen-Buchen-Waldbild merken wir sofort, daß wir nun endgültig im ehemalig fürstbischöflichen Wildbanngebiet sind. Wer das Glück hat, einmal die alte Cromschnitzkarte zu Gesicht zu bekommen, der sieht auf ihr, daß der Gramschatzer Wald oder Cromschnitz, wie er früher hieß, durch den Ochsengrund, der sich damals noch Thierwiesen nannte, in zwei große Komplexe, den alten und den jungen Wald, geteilt wurde. Der östliche Teil, den wir nun durchwandern, war der alte Wald. Kaiser Heinrich hatte den Gramschatzer Wald ja seinerzeit als kleine Wiedergutma-

Portal der St. Maternuskirche

chung für die Abtrennung vom Würzburger Territorium an das neugegründete Bistum Bamberg an Bischof Heinrich von Würzburg gegeben mit dem Auftrag „das Regal zu pflegen, zu guter Hege und Ordnung zu halten und vor Verwüstung und Verödung zu bewahren“. Damit dieses Gebot wirksam befolgt wurde, bestellten die Bischöfe „etliche vom Adel, die dem Wald am nächsten ansässig sind“, wie die Herren von Grumbach, die Schenken von Roßberg und die Bettelmann zu Prosselsheim zu Förstern.
Wir überqueren, wieder einmal ohne Markierungszeichen, die nächste vom Berg herunterkommende Forststraße und bleiben wie schon vorher immer hangparallel in Blickkontakt zu den Ochsengrundwiesen. Nach etwa 500 m stoßen wir auf

das vom Wiesengrund heraufkommende rote Kreuz und steigen mit ihm die Anhöhe nach rechts hinauf. Bei der Wegespinne in der Abteilung Untereinsiedel bietet sich ein kleiner Pavillon als Rastplatz an, bevor wir mit dem blauen Strich unseren Rückweg in der Waldabteilung Guckenberg beginnen. Auf den nun folgenden zwei Kilometern Kammweg registrieren wir mit Genugtuung, daß sowohl Bischof Heinrich als auch seine adligen Förster und auch die Förster unserer Tage Wort gehalten haben, das Regal pflegten, nicht veröden ließen und uns einen reichhaltig gemischten Laubwald aus Eiche, Buche, Bergahorn und Esche über die Jahrhunderte bewahrten, der auch noch im ökologischen Gleichgewicht ist, was uns neben Akeleien, Türkenbund und Salomonssiegel auch das zufriedene Flöten des Pirols beweist.
Während sich unser Waldgenuß durch Feldahorn, Linde und sogar die recht seltene Traubenkirsche vervollständigt, hat sich zum blauen Strich der gelbe Keil gesellt, den wir jedoch bei der Waldabteilung Binsenberg wieder nach links verlassen. Der blaue Strich begleitet uns noch bis zum Grund hinunter, wo wir die ausgebaute Forststraße entlang des Fichtenaltholzes nach rechts einschlagen. Die kleine Talmulde zu unserer Linken wird nach einem dichten Stück Fichtenaufforstung zum verträumten Talgrund mit Wiesen und Feldern. Unser Forstweg kreuzt im schrägen Winkel die neue Rimparer Straße und bringt uns nach etwa 100 m zur alten Rimparer Straße, auf der wir rechts abbiegen. Wir fühlen uns in die gute alte Zeit versetzt, in der ein solches Sträßchen schon als Fortschritt gefeiert wurde und die Günterslebener noch zwei Stunden Fußmarsch zum Arbeitsplatz, entweder über Schlehhof nach Zell oder über die Steinburg nach Würzburg, in Kauf nahmen und froh darüber waren, daß sie bei König & Bauer oder einem anderen Betrieb einen Arbeitsplatz in der Nähe ihrer Heimat gefunden hatten.
Vor der beginnenden Industrialisierung waren die Günterslebener als Maurer in aller Welt bekannt und kamen sogar bis nach Rußland, wie die Ortschronik zu berichten weiß.

Unser gelber Keil hat sich wieder eingestellt und rückt uns langsam die Kirchturmspitze, den romanischen Turm und schließlich die ganze Maternuskirche ins Blickfeld. An diesem Punkt biegen wir schräg links ins Dorf hinunter ab, genießen den Blick auf einen in Jahrhunderten gewachsenen alten Dorfkern und erinnern uns zurück an die Zeiten der Maternuswallfahrt, in denen Wallfahrer aus Rom, Köln, Trier und Nürnberg dem hl. Maternus, dem ersten Bischof von Köln, die Ehre gaben. Das Dorf feierte im Jahre 1722 sein größtes Fest, als am 24. August vier Partikel aus dem Rückgrat des Heiligen aus Trier in die Günterslebener Pfarrkirche überführt wurden.

Wo die Mainschleife beginnt

14 Untereisenheim – Obereisenheim

Ausgangspunkt:	Untereisenheim – Kirche der Bahnbuslinie 8104
Wanderstrecke:	10 km
Höhenunterschied:	100 m
Markierung:	Teilweise Bocksbeutel, Weinflasche, Weinglas, Weintraube
Kunstdenkmäler:	Untereisenheim: Pfarrkirche Mariä Himmelfahrt, Bildstock am Ortseingang Obereisenheim: evangelische Pfarrkirche
Einkehr:	Untereisenheim: Jägerklause, Hirschen Obereisenheim: Rose, Schiff

Es ist alles schon einmal dagewesen: Was der letzten Gebietsreform recht war, nämlich die beiden Gemeinden Obereisenheim und Untereisenheim zur Einheitsgemeinde Eisenheim zusammenzufassen, war der Geschichte schon mehr als 600 Jahre billig, denn von der ersten urkundlichen Erwähnung in einer Schenkungsurkunde an das Kloster Fulda bis ins 14. Jahrhundert war Isanesheim der Name für beide Ortsteile.

Am Ende der Kirchgasse rechts abzweigend lassen wir uns von der Landwehrstraße geradeaus in die Weinbergslage Untereisenheimer Sonnenberg hinaufführen, ohne zunächst den Markierungszeichen Weintraube und Bocksbeutel Folge zu leisten. Wir werden ihnen später noch begegnen. Weinbergsbereinigungen mit Fingerspitzengefühl sind in Unterfranken leider noch immer nicht alltäglich, deswegen wählen wir bewußt diesen Weg zwischen naturbelassenem Schluchtwald und produzierender Weinbergsfläche. Wenig später rückt auch schon die schützende Waldkappe in unser Blickfeld. Dieses gelungene Beispiel einer Weinbergsbereinigung zeigt

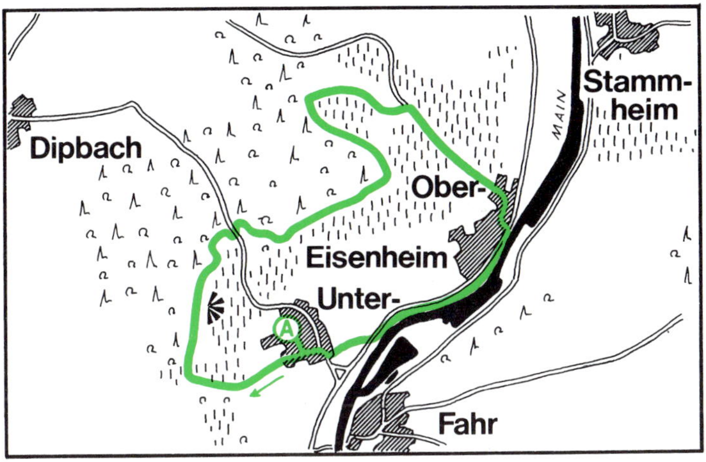

uns wieder einmal, wie leicht es wäre, einen harmonischen Mittelweg zwischen Natur und Wirtschaftlichkeit zu finden.
Der Bocksbeutel begleitet uns ein kleines Stück Wegs nach rechts, er hat jedoch große Eile, in die Untereisenheimer Wirtshäuser zurückzufinden, während wir geradeaus auf unserem Weinbergsweg bleiben und es beim Blick über Fahr und Vogelsburg hinüber zum Steigerwald dem Main gleichtun und innehalten, verweilen und den Beginn der fränkischen Weinlandschaft mit einer gebührenden Schleife feiern.
Der Betonweg bereitet uns ein kleines Waldzwischenspiel, quert die Straße nach Dipbach und bringt uns nach einem kleinen Linkshaken in sanfter Steigung unter Heckenkirschen, Waldreben und Robinien zur Anhöhe des Dürrenbergs hinauf. Wir queren den kleinen Waldsporn und können uns auf dem Waldrandweg Richtung Obereisenheim ein wenig in die Geschichte der beiden Ortsteile vertiefen, die gemeinsam aus dem Besitz der Gaugrafen Matto und Megingoz hervorgingen und doch eine recht unterschiedliche geschichtliche Entwicklung nahmen. Obereisenheim kam an die Grafschaft Castell und wurde mit dieser protestantisch, in Unter-

eisenheim waren das Hochstift und das Kloster Ebrach die stärksten Lehensherren und hielten den katholischen Glauben aufrecht. Absolut klare Verhältnisse schuf Julius Echter, der die zehn protestantischen Familien in Untereisenheim ihrer Heimat verwies und sie in Obereisenheim Zuflucht suchen ließ wie auch die Protestanten aus Opferbaum, Eßleben, Volkach, Fahr und Escherndorf.
Wir vertrauen uns dem Markierungszeichen Weinglas an und lassen uns von ihm an der Grenze von Untereisenheimer Sonnenberg und Obereisenheimer Höll weiterreichen an die Weinflasche, mit der wir am Waldrand nach links hinauf noch einen kleinen Bogen schlagen und erst nach dem großen Nußbaum der Anziehungskraft der breiten Mulde nachgeben und langsam nach Obereisenheim hinunterschlendern, der Höll im Glase entgegen. Vielleicht wußte schon Kaiserin Kunigunde um die Qualität dieses Tropfens, als sie im Jahre 1009 das Kloster St. Stephan in Bamberg mit dem Zehnten von Obereisenheim belehnte.
Das Kloster St. Stephan hatte auch das Patronatsrecht der katholischen Kirche bis zur Reformation inne.
Den nochmaligen Anstieg mit dem Weinblatt machen wir nicht mit, wir stimmen uns lieber, falls wir die richtige Jahreszeit für unsere Wanderung gewählt haben, auf eine Portion fränkischen Stangenspargel mit brauner Butter ein.
Die evangelische Pfarrkirche erstaunt durch nahezu katholische Pracht und ist allein wegen ihrer Renaissancekassettendecke eines Besuches wert.
Über die Wipfelder Straße und Dietleinsstraße kommen wir hinunter zum Main, und wenn es nicht zu stark geregnet hat, können wir auf dem Grasweg entlang der Uferbestockung aus Weiden und Pappeln ein Stück Maintal von seltener Schönheit erleben mitsamt seinen Altwässern, dem Altwasserduft und ab und an dem dazugehörenden dumpfen Tuckern eines Schiffsdiesels. Trotz der unmittelbaren Nähe zur Straße fühlen wir uns auf diesem manchmal zum schmalen Anglerpfad werdenden Weg an die Mainufer zu Zeiten eines Ludwig

Obereisenheim: Renaissance-Kassettendecke in der evangelischen Pfarrkirche

Braunfels zurückerinnert und spüren zwischen Weinbergen, Main und einem aus Weiden hervorlugenden Julius-Echter-Turm Mainfranken von innen heraus.
Untereisenheim kündigt sich durch seinen gaupengeschmückten Kirchturm an und empfängt uns mit zwei prächtigen kastanienbeschatteten Bildstöcken am Ortseingang. Der altfränkische unverfälschte Charakter dieses Dorfes im unmittelbaren Nahbereich von Würzburg erstaunt nicht nur nostalgische Menschen; die ungeteerte Vergangenheit der Dorfstraßen ist noch hautnah spürbar – Sommerhausen vor 50 Jahren? Vergleiche hinken, dies hier ist Untereisenheim im Jahre 1985.
Der Stuck in der Pfarrkirche Mariä Himmelfahrt läßt uns Wessobrunner Geist empfinden.

Durch landschaftliches Mittelalter

15 Ochsenfurt – Tückelhausen – Goßmannsdorf – Ochsenfurt

Ausgangspunkt:	Haltestelle Ochsenfurt, Brunnenstraße der Busbahnlinie 8084
Wanderstrecke:	14 km
Höhenunterschied:	200 m
Markierung:	Reh, Fuchs, gelber Punkt, roter Strich, Mühlenzeichen
Kunstdenkmäler:	Ochsenfurt: Pfarrkirche St. Andreas, Friedhofskapelle, Fachwerkortsbild, Amtsschloß. Tückelhausen: ehemalige Kartäuserklosterkirche. Goßmannsdorf: Heilig-Kreuz-Kapelle
Einkehr:	Tückelhausen: Zur Brauerei, Goßmannsdorf: Weißes Roß, Ochsenfurt: Kauzen, Bären, Schmied von Ochsenfurt, Weinhaus Pohl

Wir unterqueren mit der Hauptstraße die Bahnlinie in Richtung B 13 und biegen noch in der Unterführung rechts ab, wo uns bereits drei Wanderzeichen, Reh, Fuchs und roter Strich, in Empfang nehmen. Die trutzige Stadtbefestigung von Ochsenfurt legt es nahe, sich gleich ein wenig mit Geschichte zu beschäftigen, jedoch wollen wir die Fakten bis zum Schluß der Wanderung aufbewahren und zu Beginn einer Legende gedenken: Sie erzählt, daß der Schmied von Ochsenfurt, der dem unglücklichen letzten Hohenstaufen „Konradin" so täuschend ähnlich sah, sozusagen als Double des Hingerichteten, die letzten Reste seines geschlagenen Heeres über die Alpen zurück nach Deutschland führte. Die aus der Zeit stammende Handschrift des Klosters Weingarten besagt jedoch in zurück-

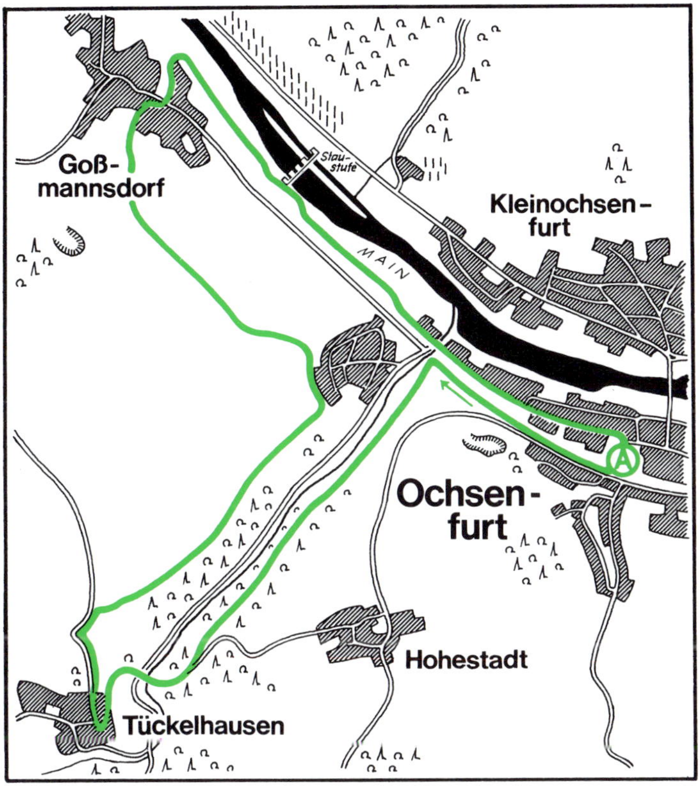

haltendem Mittelhochdeutsch, daß der Sohn des Schmieds von Ochsenfurt, der seines Studiums in Bologna wegen der übergroßen Hitze überdrüssig war, auf seinem Heimweg in Padua von Anhängern Koradins mit diesem verwchselt wurde und sich eine Zeitlang als Kaiser feiern ließ. Er zog auch mit einem Teil der Anhänger Konradins über die Alpen zurück bis nach Konstanz, wo ihm die Geschichte jedoch zu heiß wurde und er nach einer Beichte beim Bischof von Konstanz sich französisch empfahl und allein in seine Heimatstadt Ochsen-

furt zurückkehrte, die dennoch auf diese Weise untrennbar mit dem Haus Hohenstaufen verbunden ist.
Mit einem schmalen Fußpfad queren wir den mittlerweile von der Hauptstrecke abgezweigten Schienenstrang des „Ochsenfurter Gaubähnles", unbeschrankt, doch ohne Herzklopfen, denn seine Personenfahrten finden mittlerweile höchstens noch dreimal im Jahr statt und dann entsprechend langsam und unter lautstarker Betätigung der Dampfpfeife.
Bei der ehemaligen Kunstmühle Schirmer halten wir uns mit dem roten Strich und Reh scharf links den Hang hinauf, queren abermals die Gaubahn und bekommen nun als zusätzliches Markierungszeichen noch das des Mühlenweges. Langsam verlieren sich die letzten Häuser von Ochsenfurt rechts drüben und der altehrwürdige Turm der ehemaligen Kalkbrennerei steht in seiner Dornröschenhaftigkeit gerade richtig am Anfang einer Wanderung durch landschaftliches Mittelalter, deren Zauber wir nun genüßlich erliegen wollen. Bei der Fuchsenmühle, die mit ihrem breitgelagerten Gehöft an wohlhabende Mühlenzeiten erinnert, bleiben wir auf dem neben der Bahn mit leichter Steigung verlaufenden Weg und lassen uns von Weiden, Eschen, Erlen und Haseln in das Landschaftsschutzgebiet „Lohe" hineinführen, das mit seinem Namen an die einstige Eichenrindengewinnung für die Gerberlohe erinnert. Allerdings deuten die zahlreichen verwitterten und bemoosten Mäuerchen darauf hin, daß noch früher auch der Weinbau gepflegt wurde.
Rechts im Tal rauscht der Thierbach zwischen seinen Eschen, Erlen und Pappeln und nur gedämpfte Verkehrsgeräusche verraten uns ab und an, daß wir uns noch im 20. Jahrhundert befinden. Archaisch mutet auch die Bewirtschaftung des Stockausschlagwaldes aus Eiche, Buche, Hainbuche, Linde, Spitzahorn und Elsbeere an. Sie erscheint jedoch dieser vergessenen Landschaft durchaus angemessen. Auf der Höhe der zweiten stillgelegten Mühle, der Ölmühle, steigt unser Weg kurz an, hält sich dann aber über eine kleine Treppe sofort wieder talabwärts und erreicht wenig später das schmale Teer-

Das Ochsenfurter Rathaus

sträßchen nach Hohestadt, mit dem er, schon im Angesicht der Kartäuserklosterkirche Tückelhausen, Gaubahn und Thierbach quert. Die Mönchsmühle, die vierte in unserer heutigen Reihe, ist eine der wenigen Mühlen, die noch im Betrieb ist und von Mehlkennern im gesamten Landkreis geschätzt wird. Jenseits der Hauptstraße führt uns der Lambertusweg, vorbei an einem Kreuzigungsbildblock zu einer Treppe und vollends hinauf zur alten Kartause, bei der jeder Mönch ein Stückchen Abgeschiedenheit, ein kleines Häuschen samt Garten für sich hatte, um sich so ganz dem Gebet widmen zu können. Am Ende der Treppe merken wir uns unseren Wegabzweig nach rechts für den späteren Rückweg, machen jedoch einen Abstecher in den Klosterhof, der uns durch seine Weiträumigkeit und das herrliche Renaissanceportal überrascht. Wolfgang von der Auvera schmückte die Klosterkirche mit einem seiner schönsten Rokoko-Altäre, der sich mit viel Gefühl in die enge und hohe gotische Apsis hineinschmiegt und dennoch den gesamten Kirchenraum mit seinem Zeitgeist beherrscht.

Unser rotes Füchslein führt uns nun wieder auf die Flur hinaus und gibt uns beim ersten möglichen Abzweig nach rechts an das Mühlenwegzeichen weiter. Nach dem Kreuzigungsbildstock von 1594 werfen wir noch einen Blick zurück auf die Kartäuserkirche und bleiben dann rechts auf dem Feldweg, der durch seine Linienführung eine selten deutliche Grenze zwischen Ökonomie und Ökologie aufzeigt. Links die schier unendliche Agrarsteppe mit all ihren Problemen der Übernutzung, der Überdüngung und der schleichenden Vergiftung und rechts die unberührte Welt der Hecken, Ödlandflächen, einschließlich des rekultivierten Müllplatzes. Zwischen diesen beiden Welten, jedoch sicher deutlicher mehr nach rechts angesiedelt, wird sich das nächste Jahrtausend einen Weg suchen müssen, wenn wir nicht vollends auf der Strecke bleiben wollen. Doch genießen wir nun die heile Welt der Hecken und Vogelstimmen, die uns wieder gänzlich aufsaugt und uns mit ein bißchen Glück sogar eine Kette von Rebhühnern im Randbereich zwischen Wald und Feld erleben läßt.
Mit Blick auf Frickenhausen senkt sich unser Weg zur Ochsenfurter Westsiedlung hinunter, der wir jedoch nur kurz die Ehre geben und uns über die zweite nach links abzweigende Dresdner Straße und Danziger Straße den Einstieg in die jenseitige Feldflur oberhalb des Mains suchen.
Gelber Punkt und Mühlenzeichen erwarten uns bereits und führen uns hinauf in die stille, geheimnisvolle Welt der verlassenen Quaderkalkbrüche, die wir von unserer Wanderung Nr. 7 von Randersacker nach Eibelstadt schon kennen. Ein schmaler Pfad schlängelt sich zwischen dem ersten und zweiten Steinbruch hindurch und wird erst wieder unter der Lichtleitung zum befestigten Fahrweg, mit dem wir oben an der Hangkante bleiben. Ein weiteres, von Nußbäumen gesäumtes Heckenparadis aus Hartriegel, Schlehen und Weißdorn öffnet sich und bietet ganz nebenbei einen immer exklusiveren Maintalblick in Richtung Sommerhausen und Eibelstadt.
Jenseits des Mains sehen wir den Anstieg unserer Wanderroute Nr. 11 und erleben den deutlichen Kontrast zwischen

verlassenen und mittlerweile von Hecken überwucherten Kleinstwengerten und dem eintönigen Erwerbsweinberg. Durch das Weiß von Birkenrinden bietet sich ein erster Blick auf Goßmansdorf und weckt Erinnerungen an Verslsche Aquarelle.
Bei der alten Bahnschranke am Rande des großen Steinbruchs sollten wir einen Blick in dessen geheimnisvolles Innenleben tun, bevor uns der unterste der drei hangabwärts laufenden Erdwege nach rechts zum alten, ehemals ummauerten Flecken Goßmansdorf hinunterbringt, dessen wohlhabenderes bergseitiges Viertel im Besitz des Domkapitels war und dessen ärmeres mainseitiges Fischer- und Handwerksviertel den Zobel von Giebelstadt unterstand. Von diesem Geschlecht finden wir daher auch einige Epitaphien in der Heilig-Kreuz-Kapelle, die mit ihrem gelben Kreuz über dem weißen Treppengiebel weithin sichtbar über die Dachverschneidungen des gewachsenen Dorfkerns hinausragt. Wir erreichen sie, indem wir beim Lehmgrubenweg den gelben Punkt verlassen und rechts entlang der Dorfmauer über den Ölkammerweg in die Hauptstraße gelangen. Ein schmales Gäßchen bringt uns zum Schafbach, der das Dorf durchfließt und zur rechten Bachgasse, die uns unter der Bahnlinie hindurchschlüpfen läßt.
Zwischen Bahn und Main wartet nun ein ruhiger und vom Verkehr unbelästigter Rückweg, auf dem wir uns noch ein wenig an die goldenen Zeiten der Ochsenfurter Fischer erinnern, deren stolze Zunft seit 1422 besteht und für die der einst so fischreiche Main über Jahrhunderte ein guter Broterwerb war. Noch im jahr 1908 gingen 23 Ochsenfurter Familien dem Beruf des Fischers und Sandschöpfers nach, wähend es heute kaum noch zum Nebenerwerb reicht und die stark gestiegene Zahl der Hobbyangler mit Wehmut an die Zeit zurückdenkt, zu denen im Main noch Lachse, Störe, Meerforellen und Mayfische gefangen wurden.
Die ehemalige Kreisstadt Ochsenfurt am uralten Pilgerweg Lübeck–Rom setzt den würdigen Schlußpunkt hinter unsere heutige Wanderung. Sie hat ihre Wurzeln in einem Königshof

und einem Nonnenkloster. Ab dem 12. Jahrhundert wurde sie vom Würzburger Bischof gezielt als Brückenkopf ausgebaut. Die Stadtbefestigung entstand im 14. Jahrhundert und bezog die alte Mainbrücke, die ihr heutiges Aussehen um 1512 erhielt, voll mit ein. Die wenigen historischen Steinbauten inmitten der schmalen zweigeschossigen Fachwerkhäuser sind neben den Kirchen und den beiden Rathäusern Verwaltungsgebäude der Klöster Würzburg und Tückelhausen und des Würzburger Bischofs, allen voran das ortsbestimmende ehemalige Amtsschloß. Das schönste Kunstwerk in der lichten spätgotischen Halle von St. Andreas ist der Hl. Nikolaus von Tilman Riemenschneider.

Tympanon an der Ochsenfurter Friedhofskapelle

Taubertal – Liebreiz aus hohenlohischem Erbgut

16 Röttingen – Bieberehren – Tauberrettersheim – Röttingen

Ausgangspunkt:	Haltestelle Röttingen, Abzweigung Strüth der Linie 42 (Bahnbus 8084)
Wanderstrecke:	19 km
Höhenunterschied:	200 m
Markierung:	Teilweise Sonnenuhr, grünes Steinbeil, Fahrradweg „Liebliches Taubertal", blaues Kreuz
Kunstdenkmäler:	Röttingen: Pfarrkirche St. Kilian, Spitalkirche, Rathaus, Hohes Haus, Fachwerkortsbild, Stadtbefestigung, Burg Brattenstein; Tauberrettersheim: Tauberbrücke von Balthasar Neumann
Einkehr:	Tauberrettersheim: Hirschen, Krone; Röttingen: Gasthaus Frankenstuben, Alm

Recht geharnischt und ummauert geht es heute wieder zu und zu diesem Zweck gehen wir ein paar Meter die Würzburger Straße zurück, nehmen dann die Abzweigung Richtung Strüth und schlagen unmittelbar nach der Rippachbrücke den Fußweg durch die Schrebergärten am Gaubähnlesbahndamm ein. Durch die Fußgängerunterführung sehen wir den ältesten Turm der Stadtbefestigung, der noch aus dem Jahr 1275, in dem diese Befestigung zum erstenmal urkundlich erwähnt wird, stammt. Der Sonnenuhrenweg gibt uns langsam den Blick frei auf ein altfränkisches Dächergewirr, beherrscht vom Echterturm der ansonst spätromanischen Pfarrkirche St. Kilian. Aus Robinien und Eschen ragt der rückwärtige Teil

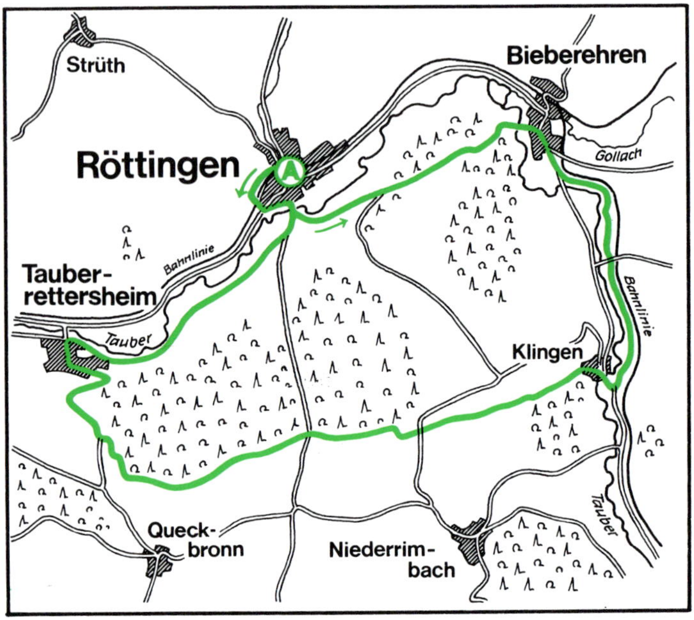

der Burg Brattenstein mit seinen weißroten Fensterläden heraus. Die ältesten Teile der Burg gehen auf das 13. Jahrhundert zurück, in dem die Burg noch außerhalb des jetzigen Mauerrings lag. An der Mergentheimer Straße werfen wir einen Blick auf die alte Sonnenuhr an der Giebelseite des Röttinger Juliusspitales und auf das einzige noch erhaltene Stadttor, das Neutor, und queren die Mergentheimer Straße mit dem Sonnenuhrenweg taubertalwärts.

An der Tauberbrücke präsentiert sich das Hohe Haus mit seinem roten Fachwerkobergeschoß, der älteste Bau Röttingens, der bis heute noch etwas sagenumwoben ist sowohl von seiner Lage, die seinerzeit ebenfalls außerhalb der Stadtmauer war, als auch von seiner Zweckbestimmung. Jedoch glaubt man mittlerweile ein eigenbefestigtes Weiherhaus darin zu sehen, das heißt eine Fischzucht früherer Zeiten. In späte-

ren Jahrhunderten diente es dem Deutschen Orden als Schüttboden.
Zur Röttinger Geschichte wäre noch anzumerken, daß es um 1114 als fuldisches Lehen im Besitz der Hohenlohe erstmals urkundlich erwähnt wird. Wie bei vielem hohenlohischen Besitz, war es vorher in reichsunmittelbarer Hand und fiel später durch Verschuldung an Würzburg.
Wir überqueren die Tauber und schlagen danach den links abzweigenden, mit einem grüngrundigen Steinbeil gekennzeichneten archäologischen Wanderpfad Richtung Eulenberg ein. Dieser archäologische Wanderpfad entstand in Zusammenarbeit mit der Außenstelle Würzburg des Bayer. Landesamtes für Denkmalpflege und erschließt in fünf Teilrouten das Gebiet Aub, Bieberehren, Riedenheim, Röttingen. Seine Höhepunkte sind das jungsteinzeitliche Gräberfeld bei Stall-

Blick von der Röttinger Tauberbrücke zur Burg Brattenstein

dorf, die keltischen Viereckschanzen bei Aufstetten und Baldersheim, das hallstattzeitliche Fürstengrab bei Riedenheim, der Burgstall Schönstein im Herrenwald nördlich von Röttingen und nicht zuletzt die altehrwürdige Kunigundenkapelle bei Burgerroth. Unser Eulenbergweg zweigt im halben Hang von der Teerstraße ab und führt uns nun als Forstweg in die schwarzkiefernbestandene Welt der Muschelkalks, ab und an immer wieder einen reizvollen Blick auf das Taubertal freigebend. Wo sich das Gelände verflacht, liegt auf dem Muschelkalk eine nährstoffreichere Lößschicht und aus dem Kiefernwald wird ein reichhaltiger Laubwald aus Eiche, Buche, Hainbuche, Bergahorn, Linde, Esche und Kirsche. Hinter dem ersten Forstzaun auf der linken Wegseite sehen wir die uralte fränkische Form der Mittelwaldbewirtschaftung noch gegenwärtig vor uns: Auf der ganzen Fläche werden Stangenhölzer aus Eiche, Ahorn, Linde und Elsbeere zum weiteren Samenabwurf belassen, während das dazwischenliegende Unterholz zur Brennholzgewinnung auf den Stock gesetzt wird.
Am Waldrand oberhalb der Kreuzwegkapelle öffnet sich der Blick auf das jenseitige Burgerroth. Über die 270 Stufen des Kreuzweges nehmen wir einen ungemein malerischen Abstieg hinunter ins Taubertal nach Bieberehren. Die Kapelle wurde 1852 von Jakob Stößl aus Haßfurt erbaut und auch die vierzehn Stationen stammen, zumindest vom Stein her, aus den Haßbergen; sie wurden seinerzeit in den Zeiler Sandsteinbrüchen gewonnen und behauen, per Schiff bis Ochsenfurt transportiert und die Reststrecke mit Fuhrwerken befördert. 1981, zum hundertjährigen Jubiläum des Ölberges, erfolgte die stilgerechte Restaurierung. Im Talgrund stoßen wir auf den Fahrradweg „Liebliches Taubertal", durchqueren mit ihm Bieberehren, nehmen am Ortseingang für etwa 150 m den Feldrain links neben der Bundesstraße, um dann vor der Tauberbrücke wieder links auf den romantischen Auwaldtalweg entlang der Tauber einzuschwenken. Pappeln, Eschen und Kopfweiden geben uns jetzt bis Klingen das Geleit. Kurz bevor unser Weg die Bahn queren möchte, nehmen wir die

alte Steinbrücke über den Mühlgraben hinweg nach rechts in den Wiesengrund, um wenig später die Straße nach Rainsbronn zu überqueren und somit immer zwischen Bahn und Tauber zu bleiben. Für kurze Zeit bleiben wir unmittelbar unten am Ufer neben der Tauber, und wenn die Brennesseln zu hoch gewachsen sein sollten, bietet sich als Ausweg immer noch der Bahndamm an.
Bei Klingen müssen wir wieder für etwa 50 m die Bundesstraße zurück ins Dorf hinein in Kauf nehmen, damit wir an der Dorfkastanie und der Kirche vorbei geradewegs den Berg hinauf einen herrlichen Schluchthohlweg in Angriff nehmen können, bei dem das Blätterdach der aus der Schlucht herausgewachsenen Buchen und vom Hang herunterreichenden Haseln, Holunderbüsche und alten Obstbäume den Weg wie ein grüner Tunnel umspannt; dies hier ist sicher die romantischere Straße als die im Talgrund und man könnte durchaus an eine mittelalterliche Kutschfahrt denken. Die tiefe Schlucht (Klinge) zu unserer Rechten läßt uns jetzt auch unschwer erraten, warum man den Ort im Tal Klingen nennt. Der Schluchtwald wird langsam zur dichten Hecke und der Hohlweg zum obstbaumbestandenen Röttinger Weg, von dem wenig später der Neubronner Weg, mit blauem Kreuz markiert, bergwärts abbiegt und uns vollends auf die Hochfläche hinaufbringt. An klaren Tagen öffnet sich uns ein prachtvoller Fernblick zurück auf den südlichen Steigerwald mit Scheinberg und Hohem Landsberg. Langsam nähern wir uns dem Röttinger Bürgerwald und damit auch der Landesgrenze Bayern/Baden-Württemberg. Etwa 200 m, bevor wir geradewegs an die Südostecke des Bürgerwaldes stoßen würden, biegen wir rechts ab zum dortigen Waldrand hinüber, wo wir bei einem kleinen eschenbestandenen Feuchtbiotop wieder auf zwei blaue Kreuze stoßen, noch für 100 m am Waldrand bleiben und dann endlich in den Eichenwald hineintauchen und auch bei der nächsten Wegkreuzung den blauen Doppelkreuzen Folge leisten. An der geteerten Neubronner Straße finden wir wieder eine deutliche Wegmarkierung mit blauem Kreuz Richtung

Das „Hohe Haus" von Röttingen

Weikersheim, die uns wiederum am Waldrand und zugleich auf der bayerisch-württembergischen Grenze entlangführt. Der Laubwald wird wieder langsam zum Kiefernwald, jedoch sind uns blaues Kreuz und Waldrand sichere Führer in Richtung Tauberrettersheim.
Je nach Witterung und Wegbeschaffenheit erreichen wir in einer kleineren oder größeren Schleife über die Feldflur das Teersträßchen nach Queckbronn und zugleich den Main-Donau-Weg, der uns, bereits im Angesicht der Weinbergslage „Königin" vollends nach Tauberrettersheim hinunterbringt. Von seiner urkundlichen Erwähnung her ist Tauberrettersheim fast gleichalt mit Röttingen, denn es wird 1163 erstmals erwähnt. Ebenfalls zunächst in hohenlohischen Besitz, kam es später an das Frauenkloster Schäftersheim und schließlich

im 16. Jahrhundert an das Neumünsterstift zu Würzburg. Balthasar Neumann schuf die weithin bekannte Tauberbrücke in der ihm eigenen unnachahmlichen Eleganz.
Für das letzte, vielleicht schönste Taubertalstück unseres heutigen Weges ist nun wiederum der Radwanderweg „Liebliches Taubertal“ unser Führer. In Röttingen kommen wir wieder zum Hohen Haus, schlendern noch zum Marktplatz hinauf, bewundern dort die barocke Pracht des Rathauses von 1750 und machen noch einen kleinen Abstecher in die Kilianskirche, wo uns besonders das Sandsteingrabmal der Petronella von Baldersheim mit seinem grazilen Faltenwurf ins Auge sticht. Lassen wir die Sonnenuhr an der Friedhofskapelle den Schlußpunkt unter unsere heutige Wanderung setzen mit dem Spruch: „Zeit ist der Weg zur Ewigkeit.“

Literatur-Hinweise

Arnold, Alfons: Nomen est omen, Rimpar 1963

Arnold, Alfons: Rimpar, 3 Bände, Rimpar 1964

Borger, Ernst: Geschichte des Ortes und der Pfarrei Obereisenheim, Nürnberg 1915

Bund Naturschutz in Bayern: Ökologische Kariterung der Gemeinde Hettstadt, Würzburg 1983

Domarus, Max: 100 Jahre Verschönerungsverein Würzburg, Würzburg 1974

Ebert, Friedrich: Chistesbrunno – Kist, Kist 1979

v. Freeden, Max: Die Beweinung in Maidbronn, Reclam Stuttgart 1956

v. Freeden, Max: Würzburg, Amtlicher Führer, 14. Auflage, Stürtz, Würzburg 1979

Furkel, Georg: Sommerhausen in Wort und Bild, Sommerhausen 1970

Gebietsweinwerbung Franken: Steinweinpfad Würzburg

Gemeinde Greußenheim: 875 Jahre Greußenheim, 1977

Gemeinde Höchberg: Höchberg 748 – 1973, 1973

Gemeinde Unterleinach: 1200 Jahre Leinach, 1976

Gemeinde Waldbüttelbrunn: Waldbüttelbrunn, 1980

Glaab, Richard: Thüngersheim, Würzburg 1982

Höllerl, Heinrich: Wandern in Unterfranken, OVA, Hof 1982

Jäger/Scherzer: Territorienbildung, Forsthoheit und Wüstungsbewegung im Waldgebiet westlich von Würzburg, Mainfränkische Studien, Bd. 29, Würzburg 1984

Kath. Pfarramt Kleinrinderfeld: Pfarrkirche St. Martin, Ottobeueren 1975

Kath. Pfarramt Margetshöchheim: Margetshöchheim, Würzburg 1965

Kath. Pfarramt Margetshöchheim: 225 Jahre Pfarrei St. Johannes, Würzburg 1979

Kath. Pfarramt Unterleinach: 1200 Jahre Leinach Pfarrei Unterleinach, Würzburg 1976

Kirchenstiftung Retzstadt: Ortschronik von Retzstadt, 1980 ff.

Kolb, Karl: Käppele, Rokoko-Kleinod in Würzburg, Echter, Würzburg 1976

Kreisel, Heinrich: Würzburg, Deutscher Kunstverlag, München 1955

Kreisjugendring Würzburg: Die Gemeinden des Landkreises Würzburg, Würzburg 1965

Krüger, Horst: Wo Bayern beginnt, Echter, Würzburg 1977

Kunstdenkmäler von Bayern: Stadt Würzburg, Bezirksamt Gerolzhofen, Karlstadt, Marktheidenfeld, Ochsenfurt und Würzburg, Oldenbourg Reprint, München 1982

Lennemann/Stock: Margetshöchheim in Geschichte und Bilder von gestern

Lott, Karl: Erlabrunn, eine fränkische Dorfchronik, Erlabrunn 1984

Menk-Dittmarsch: Der Main, Mainz 1843, Weidlich-Reprint, Frankfurt 1981

Merian: 1/I und 7/XXV Würzburg, 3/XXXVI Mainfranken

Nowak, Josef: Würzburg, Impressionen und Profile, Peters Verlag, Honnef 1958

Oberforstdirektion Würzburg: Geschichte des Guttenberger und Irtenberger Waldes

Redelberger, Richard: Eibelstadt, Mainfränk. Hefte Nr. 56, Würzburg 1971

Rettner, Leo: Heidingsfeld und die Hätzfelder, Würzburg 1979

Rottenbach, Bruno: Randersacker, Randersacker 1979

Rutte, Erwin: Bayerns Erdgeschichte, Ehrenwirth, München 1981

Rutte, Erwin: Mainfranken und Rhön, Geolog. Führer Nr. 74, Bornträger, Berlin 1983

Schneider, Franz: Heidingsfeld, ein altfränkisches Städtebild, Heidingsfeld 1908, Reprint 1979

Schuhmann/Hofmann: Franken in alten Ansichten und Schilderungen, Thorbecke, Konstanz 1967

Struchholz, Vera: Veitshöchheim, Echter, 1982

Treutwein, Karl: Von Abtswind bis Zeilitzheim, Gerolzhofen 1970

ORTSREGISTER

SACH- UND NAMENREGISTER